정재규 목사의

생명의 만나

조 은

생명의 만나

20여년 전에 복음신문에 가정예배를 기고하였는데 이것이 인연이 되어 코로나19 사태로 또다시 독자들을 만나게 되니 참으로 기쁩니다.

교회당에서 예배드리는 주일을 제외하고 순서를 매겨 매일의 만나로 활용하시면 감사하겠습니다. 주로 초신자 교육이나 기독교를 모르는 사람들에게 복음이 전달되는 기회가 되었으면 합니다.

이 세상에서는 영혼이 천국 가는 것 이상 중요한 것이 없습니다. 그런대로 아름답게 살았노라 자신했는데 하나님의 말씀의 법을 몰라 하늘나라에 들어가지 못한다면 이에서 더 큰 슬픔이 어디 있겠습니까.

짧은 이 세상에서 대통령을 여러 번 하면 무엇 합니까 구원받지 못하고 지옥에서 영원한 고통으로 살게 된다면 이에 더 불쌍한 일이 어디 있습니까. 천국에 갈 수 있는 절대적인 하나님의 말씀이 성경에 있습니다. 나약하고 상대적인 인간의 말이 아니라 절대적인 창조주 하나님의 말씀인 것입니다.

또한 믿는다고 하는 문양만 있고 실천의 내용이 없으면 안 됩니다. 행함이 없는 믿음은 죽은 것이라(약 2:26) 했습니다. 구체적인 행동 지침도 시리즈로 엮어 볼 생각입니다.

중요 절기인 성탄절, 부활절, 감사절은 참고로 덧붙였습니다. 주 안에서 부디 영적인 승리를 이루시길 기도합니다.

차례

생명의 만나

01 • 하나님의 칭호(稱號)

[월] 엘로힘(히: Elohim) 하나님 (창 1:1) 찬송79(통40)

엘(El)은 절대자, 강한 자, 대주재자이신 하나님을 나타내는 말인데 엘로힘은 복수형(삼위일체)으로 창조와 이를 주권적으로 통치하시는 하나님을 말합니다. 구약성경에 2500여회나 기록되어 있습니다. 창세기 1장에는 32회 나옵니다. 본문에 태초에 하나님(엘로힘)이 천지를 창조하시니라 했는데 강하시고 위대하신 분이라는 뜻을 가지고 있습니다. 하나님보다 더 강하고 능력있는 이름은 이 세상 어디에도 없습니다. 그 분이 보내신 아들 예수 그리스도의 이름으로 모든 악한 영들을 물리치고 승리하시기 바랍니다(마 28:18).

[화] 엘솨다이(히: Elshaddai) 하나님 (창 17:1) 찬송301(통460)

히브리어로 엘 솨다이는 전능하신 하나님, 즉 무엇이든지 하실 수 있는 하나님을 뜻 합니다. 본문에 아브람이 구십 구세 때에 아브람에게 나타나셔서 그에게 이르시되 나는 전능한 하나님(엘 솨다이)이라 너는 내 앞에서 행하여 완전하라고 말씀하셨습니다. 창세기15:4,5에 아브람과 언약하신 것을 13년 후에 나타나셔서 이루시겠다는 말씀인데 그의 나이가 99세요 사라의 나이가 90세가 돼 가는데 아들을 낳게 하시겠다는 것은 전능하신 하나님만이 하실 수 있는 것입니다. 믿는 자에게는 능치 못할 일은 없습니다(막 9:23).

[수] 엘욘(Elyon) 하나님 (창 14:19) 찬송64(통13)

히브리어 엘욘(Elyon)은 지극히 높으신 하나님을 의미합니다. 본문에 그가 아브람에게 축복하여 이르되 천지의 주재이시요 지극히 높으신 하나님이여 아브람에게 복을 주옵소서 하고 살렘 왕 멜기세덱이 축복하는 말씀에 쓰여진 것입니다. 우주만물 중에 가장 높은 곳에 계신 분은 오직 하나님 한 분이신데 바빌론 왕을 비롯한 인간들이 스스로 높이 신격화시킴으로 이를 잠간 보이다 사라지는 계명성(금성)에 비유해(사14:12-15)책망하십니다. 어둠을 밝혀주는 새벽별과 빛이 되신 예수님과는 다른 뜻을 가지고 있습니다(계 22:16).

[목] 엘로이(Elroi) 하나님 (창 16:13) 찬송70(통79)

히브리어 엘로이는 나를 살피시고 지켜보시는 하나님을 뜻합니다. 본문에 하갈이 임신하지 못하는 주인 사래를 멸시하다가 사래의 학대를 피해 애굽으로 도망을 할 때 여호와의 사자를 만나 주인집으로 되돌아가서 복종합니다. 하갈은 간증하기를 나를 살피시는 하나님(엘로이)을 여기에서 뵈웠다고 말합니다. 그 은혜를 체험한 후에 붙여진 이름입니다. 우리도 광야 같은 세상에서 고통을 당할 때 섬세하게 살펴 주시고 위로와 소망을 주시는 하나님의 무한하신 사랑과 은혜를 기억해야 합니다(시23:1-4).

[금] 여호와(Jehovah) 하나님 (사 42:8) 찬송69(통33)

출 3:7-15에 보면 애굽의 왕 바로의 딸에 의해 나일강에서 건져진 모세는 유모가 아닌 친모에게 키워지면서 자기가 히브리인인 것을 알게 됩니다. 장성한 후, 애굽사람이 자기 동족을 학대하는 것을 보고 격분하여 애굽인을 죽입니다. 얼마 후에 탄로가 나자 미디안으로 도망하여 미디안 제사장 이드로의 양떼를 치다가 하나님께서 동족을 구하라는 명령을 하실 때 누구의 명령으로 왔다고 말할까요 하니 나는 스스로 있는 자로 너희 조상의 하나님 여호와께서 보내셨다고 말하라 하십니다. 스스로 계시며 불변하시고 영원하시며 언약을 지키시고 은혜를 베푸시는 하나님을 뜻합니다.

[토] 아도나이(Adonai) 하나님 (창 15:2,8) 찬송490(통542)

아브람이 환상 중에 하나님을 뵈옵고 대화를 하는 가운데 주 여호와(아도나이 여호와)라는 말을 합니다. 8절에도 같은 말을 합니다. 주 여호와여 내게 무엇을 주시려 하나이까 나는 자식이 없사오니 나의 상속자는 이 다메섹 사람 엘리에셀입니다. 라고 자기의 처지와 입장을 말할 때 하나님은 잘못된 생각을 바로잡아 주시고 주인 되시고 주장하시는 하나님을 일컫는 명칭입니다.

02 • 여호와 연관된 의미

[월] 여호와 이레(Jehovah Jireh) (창 22:11-14) 찬송380(통424)

하나님의 여러 칭호 중 가장 많이 쓰였던 여호와 하나님의 칭호는 창 2:4에 처음 나오는데 지존자와 언약의 하나님의 의미가 강합니다. 이 칭호는 구약 성경에 7020번이나 나옵니다. 본토 친척 아비 집을 떠난 아브람이 벧엘 동편에 장막을 치고 단을 쌓고 여호와의 이름을 처음으로 부릅니다(창 12:8). 본문에는 하나님 명령대로 외아들 이삭을 제물로 바치려 할 때 하나님은 그 믿음을 보시고 준비하신 수양을 대신하게 하셔서 여호와 이레(여호와께서 준비하신다)라 부릅니다. 우리 죄를 위해 어린양 예수님을 준비해 주신 하나님께 감사 합시다.

[화] 여호와 살롬(Jehovah Shalom) (삿 6:24) 찬송408(통466)

기드온이 오브라에서 단을 쌓고 붙인 이름으로 여호와는 평안이라는 의미입니다. 항상 평안을 주시는 하나님을 뜻 합니다. 기드온이 여호와의 사자를 대면한 후 죽을 것을 두려워하는데 두려워 말라 죽지 아니하리라 하신 말씀을 듣고 안심하여 거기에 제단을 쌓고 여호와 살롬 이라 함으로 평안을 주신 하나님께 감사하고 있습니다. 예수님께서 내가 너희에게 주는 평안은 세상이 주는 평안과 다르다고 하셨습니다(요 14:27). 사람들이 가장 두려워하는 죽음을 이기시고 평안을 누리게 하신 예수님께 항상 감사해야 합니다(요 16:33).

[수] 여호와 닛시(Jehovah Nissi) (출 17:15,16) 찬송348(통388)

모든 전쟁에 능하시고 항상 승리하시는 하나님을 뜻합니다. 본문에 이스라엘이 아말렉과 싸울 때 모세가 손을 들면 이스라엘이 이기고 손을 내리면 아말렉이 이기게 되니 모세가 피곤할 때 아론과 훌이 모세의 양쪽 손을 해가 지도록 붙들어 올려 아말렉을 쳐서 크게 이김으로 여호와께 감사한 모세가 제단을 쌓고 여호와 닛시(승리의 하나님)라 했습니다. 시24:8에 영광의 왕이 누구시냐 강하고 능하신 여호와시요 전쟁에 능하신 여호와 시로다. 항상 이 나라와 믿음의 사람들을 지켜 주실 것을 믿고 기도하시기 바랍니다(히 11:34).

[목] 여호와 라파(Jehovah Rophe) (출 15:26) 찬송471(통528)

홍해를 건넌 이스라엘이 마라에 이르러 그곳의 물이 써서 마시지 못할 때 모세가 여호와께 부르짖었더니 여호와께서 한 나무를 가리키셔서 그가 물에 던져 달게 됩니다. 하나님께서는 그들을 위해 율례와 법도를 정하시고 내 말을 잘 듣고 순종하면 애굽에 내린 모든 질병의 하나라도 너희에게 내리지 아니 하리니 나는 너희를 치료하는 여호와라고 말씀하십니다. 말 4:2에 내 이름을 경외하는 너희에게는 공의로운 해가 떠올라서 치료하는 광선을 비추리니 너희가 나가서 외양간에서 나온 송아지 같이 뛰리라 빛이 되신 예수님은 육신으로 이 세상에 계실 때 수많은 각색 병자들을 고쳐 주셨습니다(요 1:4,5 마 4:24). 그를 의지 합시다.

[금] 여호와 삼마(Jehovah Shammah) (겔 48:35) 찬송430(통456)

유다 나라가 비록 범죄하여 바벨론의 포로로 끌려갔지만 하나님은 그들과 함께 하신다는 의미로 쓰여 진 칭호입니다. 하나님께서 함께하시면 이에서 더 든든할 순 없습니다. 대상 11:9에 만군의 여호와께서 함께 계시니 다윗이 점점 강성하여 가니라 했습니다. 예수님은 임마누엘(하나님이 우리와 함께 하심)로 이 땅에 오셨습니다(마 1:23). 하나님과 동행하던 에녹은 죽음을 당하지 않고 하늘로 들려올라 갔습니다(창 5:24) 예수님 재림하실 때 그를 믿고 살아 있는 자들이 들려 올라갈 예표이기도 합니다(살전 4:17).

[토] 여호와 로이(Jehovah Roi) (시 23:1) 찬송569(통442)

여호와 하나님께서 목자 되심을 의미하는 칭호입니다. 목자는 항상 양의 동향을 살핍니다. 푸른 초장으로 인도하여 푸른 꼴을 뜯게하며 시냇물가로 인도하여 물을 마시게 합니다. 그래서 다윗은 여호와께서 나의 목자가 되시니 내게 부족함이 없다고 고백합니다. 이사야 선지자도 그는 목자같이 양떼를 먹이시고 어린양을 그 팔로 모아 품에 안으시며 젖 먹이는 암컷들을 온순히 인도하신다(사 40:11)고 했습니다. 바울은 나의 하나님이 우리의 목자 되시는 예수그리스도 안에서 영광 가운데 그 풍성한대로 너의 모든 쓸 것을 채우시리라 했습니다(빌 4:19).

03 • 하나님의 천지 창조

[월] 첫째 날의 창조 (창 1:3) 찬송79(통40)

하나님의 창조는 아무것도 없는 상태 즉 무의 상태에서 유의 상태로 만드는 절대자의 창조(히, 바라)를 말합니다. 또한 기존에 있는 재료로 인간이 새로운 것을 만드는 창조행위(make)는 히브리어 아사라는 낱말로 사용되어 왔습니다(출 25:13, 신 4:16). 하나님은 제일 먼저 빛을 창조하시고 기뻐 하셨습니다. 이 빛은 곧 하나님을 의미하기도 하는데 (요일 1:5)참빛 되시는 예수그리스도를 의미하기도 합니다(요 1:9-12). 이토록 빛은 생명의 근원이요 만물의 근원이기도 합니다. 참 빛을 받은 우리는 세상의 빛으로 살아야 합니다(마 5:14).

[화] 둘째 날의 창조 (창 1:6-8) 찬송336(통383)

궁창은 지구 표면의 물과 공중의 물을 말하는데 펼쳐진 바닷가 수평선에서 모두 볼 수 있습니다. 바다는 아래 궁창이요 하늘은 윗 궁창이기 때문입니다. 궁창(히, 라키아) 은 넓게 펼친다(firmament)는 뜻입니다. 그런데 하나님께서는 궁창을 만드시고 유일하게 보시기에 좋았더라 하시지 않으셨습니다. 아마도 사탄이 활동할 것을 아시지 않았나 생각됩니다. 너희는 그 가운데서 행하여 이 세상 풍조를 따르고 공중의 권세 잡은 자를 따랐으니 곧 지금 불순종의 아들들 가운데 역사하는 영이라(엡 2:2)

[수] 셋째 날의 창조 (창 1:9-13) 찬송64(통13)

하나님께서 천하의 물이 한곳에 모이게 하시고 육지가 드러나게 하셨습니다(창 1:9). 그리고 물에서 나온 땅에 풀이 나오게 하시고 씨 맺는 채소와 씨를 가진 열매 맺는 나무를 만드시고 기뻐하셨습니다. 또 육지를 땅이라 부르시고 모여진 물을 바다라 하셨습니다(창 1:10, 12). 이 셋째 날까지의 창조는 앞으로 창조 될 대상들을 위한 준비에 불과 합니다. 앞으로 창조될 대상들에게 필요한 것을 예비하신 것입니다. 첫째 날은 넷째 날의 창조물로 완성되고 둘째 날은 다섯째 날의 창조로 완성되고 셋째 날은 여섯째 날의 창조로 완성 됩니다.

[목] 넷째 날의 창조 (창 1:14-19) 찬송428(통488)

하늘의 광명체들이 있었다고 했는데 이 광명(히, 마오르)은 빛(히, 오르)과 다릅니다. 이 뜻은 빛으로부터 온 것이라는 의미입니다. 2차로 창조된 발광체입니다. 1차의 빛은 전 우주적 차원에서 창조된 것이라면 이 광명체들은 지구를 위한 창조입니다. 큰 광명체인 해는 낮의 빛으로 주셨고 작은 광명체인 달과 별들은 밤의 빛으로 정하셨다고 선지자 예레미야는 말하고 있습니다(렘 31:35). 이토록 하나님의 창조물인 해, 달, 별들에게 복을 달라고 빌고 경배하는 것은 하나님을 모독하는 것이요 우상숭배요 하나님께서 진노하실 행위입니다.

[금] 다섯째 날의 창조 (창 1:20-23) 찬송382(통432)

하나님은 하늘의 궁창에는 각종 새들을 창조하셔서 날게 하시고 아래 궁창에는 물에 사는 각종 짐승과 물고기들을 만드시고 생육하고 번성하여 충만하라고 하셨습니다. 그리고 이 생물들을 기르시고 보호하십니다. 마 6:26에 주님께서 공중의 새를 보라 심지도 않고 거두지도 않고 창고에 모아들이지도 아니하되 하늘 아버지께서 기르시는데 너희는 이것들 보다 귀하지 아니하냐 하셨고 눅 12:6~7절에는 참새 다섯 마리가 두 앗사리온에 팔리는 것도 하나님께서 허락하셔야 되는데 하물며 작은 새 보다 더 귀한 너희를 돌보시지 않겠느냐 하십니다.

[토] 여섯째 날의 창조 (창 1:24-28) 찬송383(통433)

셋째 날에 준비하신 땅에 있는 각종 식물들을 먹고 살아가도록 하나님은 가축과 짐승과 생물들을 그 종류대로 만드십니다. 또한 같은 날 하나님의 형상(image)과 하나님의 모양(similitude)대로 사람을 창조 하시는데 남자를 만드시고 혼자 있는 것이 보시기에 좋지 않아 남자의 갈비뼈로 여자를 만들어 돕는 배필로 주십니다(창 2:18, 21-23). 하나님의 형상과 모양이라는 말은 인간의 전인격이 하나님의 성품과 속성을 받았다는 의미입니다. 모든 창조물 중 유일하게 인간은 하나님과 교제할 수 있는 사귐의 대상이 되는 것입니다. 이토록 귀하게 창조된 인간이 다른 피조물의 형상을 만들어 경배하는 것은 악한 것입니다(출 20:3-6).

04 • 복이 있는 자 (1)

[월] 예수님을 자기 하나님으로 삼는 자 (시 144:15) 찬송95(통82)

여호와를 자기 하나님으로 삼는 백성은 복이 있다고 다윗은 말하는데 예수님이 오시지 않았을 때라 여호와라 했고 우리는 구원의 이름인 예수님을 믿기에 호칭을 예수님으로 바꿉니다. 요 10:30에 아버지이신 여호와와 아들 예수는 하나이기 때문이요 마 28:18에 하늘과 땅의 모든 권세를 아버지께서 내게 주셨다고 하셨기 때문 입니다. 어느 선교사가 지켜보는 가운데 굿을 하려던 무당이 신이 안 내린다고 쩔쩔 매다 예수의 영이 강함을 알고 예수님을 믿게 되었고 그에게서 연세대의 귀한 인물인 백낙준 총장이 탄생 되는 복을 받았습니다.

[화] 예수님을 가까이 하는 자 (시 73:28) 찬송91(통91)

하나님의 구원하심은 그를 경외하는 자에게 가깝다(시 85:9)고 했습니다. 말씀드렸듯이 여호와와 예수님과 하나님의 명칭은 동의어로 간주하여 예수님으로 호칭합니다만 구원의 이름이기에 흔히 부르게 되고(행 4:12) 그 이름으로 기도하기에 알기 쉽게 고친 것입니다. 예수님을 구세주로 확신하고 잘못할 때 징계하시는 하나님이심을 믿고 섬길 때 구원을 받습니다. 항상 예수님을 의식하고 기도하고 말씀을 따라 살아 갈 때 하나님을 가까이 하는 것이요 복이 있는 자 입니다. 하나님을 가까이 하라 그리하면 너희를 가까이 하시리라(약 4:8)

[수] 예수님을 자기 하나님으로 삼는 나라 (시33:12) 찬송288(통204)

신 28:1, 2에 하나님의 말씀을 잘 듣고 그의 모든 명령을 지켜 행하면 너를 세계 민족 위에 뛰어나게 하시고 모든 복이 네게 이른다고 하셨습니다. 세계 여행을 하면서 우리가 느끼는 것은 우상을 섬기는 나라들은 잘 살지 못하고, 예수님을 믿는다 해도 말씀대로 살지 못하고 이단적인 요소를 가지고 믿는 척하는 나라들은 점점 쇠퇴하는 모습을 많이 보게 됩니다. 북유럽이나 북미 쪽은 그래도 하나님을 의지하고 말씀대로 살고자 하는 나라들이라 잘 사는 일등 국가에 속합니다. 우리도 이 나라를 속히 복음화 시켜야 할 것입니다.

[목] 예수님만 의지하는 자 (시 84:12) 찬송94(통102)

의지하다(히, 바타흐)는 신뢰하다 확신하다는 뜻인데 절대자 하나님을 믿기에 담대할 수 있어 담대하다는 뜻도 있습니다. 시146:3에 방백들(권력자)을 의지하지 말며 도울 힘이 없는 인생도 의지하지 말며 오직 마음을 다하여 여호와를 의지하고 네 명철을 의지하지 말라 했습니다(잠 3:5). 자기의 재물을 의지하는 자는 패망한다고 했고(잠 11:28)사람이 만든 우상은 보지도 못하고 듣지도 못하고 냄새를 맡지도 못하고 걷지도, 소리를 내지도 못하니 의지하지 말라 했습니다(시 115:4-9). 모든 권세를 가지신 예수님만 의지해야 복 받습니다(마 28:18).

[금] 예수님께 피하는 자 (시 34:8) 찬송93(통93)

피한다(히, 하싸)는 말은 보호해 달라고 황급히 달려감을 뜻합니다. 대상을 믿지 않고서는 할 수 없는 것입니다. 마치 길을 가던 어린아이가 무서운 것을 만났을 때 엄마 아빠에게 급히 안기는 것과 같습니다. 보호해 줄 수 있는 대상이기 때문입니다. 예수님께 피하는 것이 사람을 신뢰하는 것 권세자를 신뢰하는 것 보다 낫습니다(시 118:8, 9). 하나님은 우리를 보호하시는 방패가 되시고 바위가 되시고 구원의 왕이 되시고 산성이 되십니다(시 18:2). 그의 날개 아래에서 항상 보호를 받아야 살아 갈 수 있습니다(시 36:7).

[토] 말씀을 따르며 마음에 두는 자 (시 1:1,2) 찬송449(통377)

율법(히, 토라)은 법칙을 말합니다. 하나님의 교훈을 말합니다. 십계명을 비롯한 모세오경을 통칭합니다만 현대에 와서는 모든 예수님의 말씀으로 이해될 수 있습니다.율법은 우리의 죄를 드러나게 합니다. 한 가지만 어겨도 죄인입니다. 말씀이신 예수님(요 1:1-5)이 땅위에 오셔서 우리의 죄를 대신하여 죽으셔서 사랑으로 온 율법을 이루시고 용서받게 하셨습니다. 율법이 없을 때에도 하나님을 믿음으로 구원 받았고 십계명과 율법을 받은 모세도 믿음으로 순종했습니다(히 11:23-29, 출 24:12-18). 속죄양 예수님을 믿고 순종해야 복된 자 입니다.

05 • 복이 있는 자 (2)

[월] 하나님의 집에 사는 자 (시 84:4) 찬송246(통221)

집(히: 바이트)은 사람이 거주하는 공간이라는 의미도 있지만 가족을 뜻 합니다. 우리는 예수그리스도를 믿음으로 예수님의 가족으로 살고 있는 것입니다. 히 3:5,6에 또한 모세는 장래에 말할 것을 증언하기 위하여 하나님의 온 집에서 종으로서 신실(충성)하였고 그리스도는 하나님의 집(가족)을 맡은 아들로서 그와 같이 하셨으니 우리가 소망의 확신과 자랑을 끝까지 굳게 잡고 있으면 우리는 그의 집(가족)이라 했습니다. 너희는 그 은혜에 의하여 믿음으로 말미암아 구원을 받았으니 이것은 너희에게서 난 것이 아니요 하나님의 선물이라(엡 2:8)

[화] 하나님의 뜰에 거하는 자 (시 65:4) 찬송435(통492)

하나님의 성전은 지성소와 성소와 뜰로 되어 있습니다. 뜰은 성소 앞의 마당인데 제사장과 함께 일반 백성들도 출입할 수 있는 장소입니다(레 6:16). 이 뜰에 거하는 사람이 복이 있습니다. 거한다(히, 솨칸)는 말은 교제를 나눈다, 동거한다는 뜻입니다. 영적으로 하나님께 예배드리며 하나님과 항상 함께하는 사람이 복이 있습니다. 성소에서 세상으로 나가면 자유로울 것 같지만 환란과 풍파가 몰아닥치고 근심 걱정이 끊이질 않습니다. 만신창이 되어 주님의 품으로 돌아오곤 합니다. 구원 받은 자들의 뜰에 머무는 지혜가 있어야 합니다.

[수] 하나님의 길을 걷는 자 (시 128:1) 찬송430(통456)

요 14:6에 예수님께서는 내가 곧 길이요 진리요 생명이니 나로 말미암지 않고는 아버지께로 올 자가 없다고 하셨습니다. 세상에는 많은 길들이 있습니다. 넓은 길, 좁은 길, 똑바른 길, 굽어진 길,등 다양합니다. 그러나 구원의 문, 천국으로 가는 길은 오직 한 길 뿐입니다.그래서 예수님은 내가 길이라고 하셨고 모두 내게로 오라고 부르시는 것입니다. 세상에는 유명인을 비롯해 많은 길 이름을 붙여 놓습니다. 모두가 일반적이고 상대적이지만 예수의 길은 절대적입니다. 하나님께서는 구원의 다른 이름을 주시지 않았기 때문입니다(행 4:12).

[목] 악인을 따르지 않는 자 (시 1:1–2) 찬송360(통402)

악한 사람은 악한영의 지배를 받기 때문에 항상 악한 것을 추구합니다. 자기의 유익을 위해 속이고 빼앗습니다. 그래서 우리는 항상 지혜를 구하여(약 1:5)선한 것을 따르도록 해야 합니다.복(히,아쉘)이란 하나님의 임재를 뜻하는 바 하나님께서 함께 하실 때 올바른 길을 갈 수 있고 선한 길을 갈 수 있습니다. 이것이 참된 복입니다. 악인은 하나님을 모시지 않기 때문에 자기의 생각이나 의지나 욕심을 따라 삽니다. 그렇게 해야 행복할 수 있다고 착각합니다. 악한 생활 태도를 악인의 꾀로 표현했습니다. 하나님 말씀 위주로 살아야 복입니다.

[금] 가난한 자를 보살피는 자 (시 41:1) 찬송220(통278)

가난하다(히, 달)는 말은 허약한, 빈약한 이라는 뜻입니다. 의지해야 할 입장에 있는 사람을 말합니다. 이들을 보살펴 주는 사람이 복이 있습니다. 그렇게 하는 사람은 재앙을 만날 때 하나님께서 건져 주신다는 말씀입니다. 착한 일을 하는 사람에게는 반드시 보상을 해 주시는 우리 하나님이십니다. 한편 가난한 사람을 학대하는 자는 그를 지으신 이를 멸시하는 자요 궁핍한 사람을 불쌍히 여기는 자는 주를 공경하는 자(잠 14:31)라 했고, 잠 19:17에는 가난한 자를 불쌍히 여기는 것은 하나님께 꾸이는 것이니 그 선행을 갚아 주신다 했습니다.

[토] 정의를 지키는 자 (시 106:3) 찬송516(통265)

하나님과 바른 관계에 있는 사람은 의의 사람이요 복이 있는 사람입니다. 반대로 하나님과의 관계를 바르게 하지 못하는 사람은 불의의 사람입니다. 정의와 공의는 세상에서 말하는 행위개념 보다 하나님과의 관계개념이기 때문입니다. 시 33:5에 "하나님은 공의와 정의를 사랑하심이여 세상에는 여호와의 인자하심이 충만하도다."라고 했습니다. 공의와 정의는 하나님께서 악을 미워하시고 올바로 행하시는 순전하심과 의로우심을 이중적으로 표현한 말입니다. 자신이 택한 백성도 이처럼 살기를 원하십니다(암 5:24).

06 • 복이 있는 자 (3)

[월] 마음에 시온의 대로가 있는 자 (시 84:5) 찬송89(통89)

마음에 시온의 대로가 있다는 말은 하나님의 성전이 있는 시온에 가기를 열망하고 있다는 뜻입니다. 시 102:16에 여호와께서 시온을 건설하시고 그의 영광중에 나타나셨음이라 했고 시 9:11에 너희는 시온에 거하신 여호와를 찬송하라고 했습니다. 예루살렘이 있는 곳, 성전이 있는 곳으로 하나님께서 계신 곳을 의미합니다. 이곳에 가기를 열망하는 이유는 무엇입니까 하나님과 영적인 교통함을 갖기 원하기 때문입니다. 이토록 하나님과 함께 하고자 하는 사람은 하나님께서 기뻐하시고 복을 주실 것입니다.

[화] 하나님의 징계를 받는 자 (히 12:5-8) 찬송214(통349)

시 94:12에 주로부터 징벌을 받으며 주의 법으로 교훈하심을 받는 자가 복이 있다 했습니다. 징벌(히: 야싸르)은 교육을 위해 벌주는 것을 의미합니다. 괴롭게 하고 심판하고 처벌하는 것과는 다릅니다.(대하 22:8)본문에 주님께서는 사랑하시는 사람은 징계하시고 그가 받아들이시는 아들마다 채찍으로 징계하신다 했습니다. 그러한 징계(헬: 파이데이아)가 없다면 사생자(헬: 노도스)라는 것입니다. 즉 가짜 아들이요 버림받은 자라는 것입니다. 우리가 잘못했을 때 하나님은 여러 모양으로 매를 때리시는데 아들로 인정해 주심을 알고 감사해야 합니다.

[수] 하나님의 법으로 교훈을 받는 자 (시 94:12) 찬송285(통209)

하나님의 법(히: 토라)은 십계명을 비롯해 오경을 통틀어 말하는데 요약하면 하나님의 말씀을 뜻합니다. 말씀을 듣고 배우고 깨닫고 지켜 행하는 사람은 복이 있습니다. 시 37:31에 그 마음에는 하나님의 법이 있으니 그 걸음에 실족함이 없을 것이라 했습니다. 하나님의 말씀을 마음에 간직하고 있는 사람은 죄에 깊이 빠지지 않습니다. 하나님의 말씀이 능력이 되기 때문입니다. 항상 말씀을 읽고 묵상하고 자녀들에게 열심히 가르쳐야 합니다. 간절한 마음으로 말씀을 받고 이것이 그러한가 하여 날마다 말씀을 상고해야 합니다(행17:11)

[목] 전심으로 하나님을 구하는 자 (신 15:4-6) 찬송94(통102)

하나님께서 주시는 복을 받기 위해서는 오직 하나님만을 섬기며 그의 의를 구해야 합니다. 세상과 함께 하나님을 섬기는 사람을 기뻐하지 않으십니다. 마 6:24에 한 사람이 두 주인을 섬기지 못할 것이니 혹 이를 미워하고 저를 사랑하거나 혹 이를 중히 여기고 저를 경히 여김이라 너희가 하나님과 재물을 겸하여 섬기지 못한다고 말씀 하십니다. 하나님만 잘 섬기고 재물은 다스릴 줄 알아야 합니다. 전심으로 주님의 영광을 위하여 살려고 할 때마다 넘치게 채워주시는 복을 주십니다(시 119:2).

[금] 심령이 가난한 자 (마 5:3) 찬송387(통440)

여기서부터는 예수님께서 말씀하신 산상보훈으로 8복을 살펴봅니다. 주님께서 말씀하신 복(헬: 마카리오스)은 최고의 복을 의미합니다. 본문의 심령이 가난한 자는 하나님만 의지할 수밖에 없다고 깨달은 자이고 겸손한 자입니다. 외적인 번영을 의미하는 것이 아닌 심령의 내적인 복을 말하며 현세적인 것 보다 내세적인 복을 의미합니다. 심령이 가난한 자는 하나님 앞에서 겸손히 살아가며 예수님을 진심으로 섬기기 때문에 천국을 선물로 주신다는 것입니다. 이들은 이미 이 땅에서도 천국 시민의 특권을 누리고 살고 있는 것입니다.

[토] 애통하는 자 (마 5:4) 찬송395(통450)

애통(헬: 펜데오)은 슬퍼하다 울부짖는다는 뜻인데 죄에 대해서 깊이 슬퍼하고 철저히 회개하는 마음을 가리킵니다. 자신의 죄에 대하여 슬픈 마음이나 회개 없이는 천국에 들어가지 못함을 말하기도 하는데 주님은 죄에 대하여 진심으로 슬퍼하고 마음이 아파 울 때에 찾아 오셔서 따뜻한 용서의 사랑을 베풀어 주시고 위로를 해 주십니다. 진심으로 회개의 눈물을 흘릴 때 위로 받는 복을 받게 됩니다. 건성으로 마음에 없는 회개를 했다는 사람을 보면 또다시 그 죄를 반복하는 모습을 보게 됩니다. 반복이 없는 뼈아픈 회개가 복을 받습니다.

07 • 복이 있는 자 (4)

[월] 온유한 자 (마 5:5) 찬송438(통495)

마 11:29에 예수님께서 나는 마음이 온유하고 겸손하니 나의 멍에를 메고 내게 배우라 그리하면 너희 마음이 쉼을 얻는다고 하셨습니다. 온유는 온화하고 부드러움을 뜻하는데 겸손과 의미가 비슷합니다. 허세를 부리지 않고 (벧전 3:4) 자기에게 악을 행하는 자에게도 길이 참으며 절대자이신 하나님을 인정하고 순종하는 사람을 말합니다. 이런 사람은 땅을 기업으로 받게 되는데 고통이 많은 이 땅이 아니라 영원한 땅인 하늘나라를 의미합니다. 전쟁과 폭력이 난무하는 이 땅은 잠시 후에 사라지지만 온유로 얻은 천국은 영원한 곳입니다.

[화] 의에 주리고 목마른 자 (마 5:6) 찬송516(통265)

의라고 하는 말은 정의 혹은 공의에서 나온 단어인데 주로 절대적인 공의를 행하시는 하나님의 의를 말합니다. 하나님께서는 자신이 말씀하신 언약을 성실하게 지켜 그의 백성을 구원하신다는 의미를 암시하고 있습니다. 하나님의 의는 모든 의의 원천이 됩니다. 하나님께 서는 굶주리고 목마른 사람처럼 의를 사모하고 구하면 예수님께서는 만족하도록 생명의 떡을 먹여 주시고 영생하는 생명수가 흘러 넘치게 하실 것입니다(요 4:14). 이는 반드시 간절하게 구하는 사람에게 주어집니다(요 6:48-51, 마 7:7,8).

[수] 긍휼히 여기는 자 (마 5:7) 찬송453(통506)

긍휼히 여긴다는 말은 자비라는 말에서 파생된 말로써 죄를 용서해 주는 것과 조롱당하고 궁핍한 사람을 동정한다는 의미를 가지고 있습니다. 온유함과 그 맥을 같이 합니다.본문에 말씀하신대로 사람들을 긍휼히 여기는 사람은 하나님께서 베푸시는 긍휼을 받을 수 있다는 것입니다. 예수님도 기도를 가르쳐 주실 때 말씀하시기도 했습니다(마 6:12). 핵심적인 의미로 긍휼히 여김을 받는다는 것은 마지막 때에 주어지는 하나님의 자비하심, 곧 그리스도를 통한 구원의 은총을 받는다는 것입니다(딤후 1:18, 약 2:13).

[목] 마음이 청결한 자 (마 5:8) 찬송436(통493)

마음(헬: 카르디아)은 사람의 감정이나 사고력을 만드는 중심지입니다(요 16:6, 행 2:26, 롬 1:21). 믿음과 도덕적 행동을 결정하는 매체도 됩니다(롬 5:5, 엡 3:17, 히 8:10). 이처럼 마음은 성령을 받아야 온전한 역할을 하게 됩니다. 마음이 청결하면(헬: 카다로스, 깨끗하고 순수하다는 의미) 영으로 계신 하나님을 볼 수 있습니다. 그러나 죄인된 인간은 하나님을 볼 수 없음으로 인식되어져 왔고 보는 자가 있다면 그것은 곧 죽음을 의미합니다(출 19:21). 성도가 하나님을 보는 것은 큰 영광인데(요일 3:2) 독생하신 예수님을 통하여 된 것입니다(요 1:18).

[금] 화평하게 하는 자 (마 5:9) 찬송412(통469)

화평하게 하는 자는 단순히 화평을 간직한 것이나 화평을 사랑하는 것이 아니라 적극적으로 화평을 만드는 사람을 말합니다. 화평은 히브리어 샬롬에 해당하는 말인데 개인 관계나(슥 6:13) 국가관계(왕하 20:19)에서 우호적 관계에서 쓰여 졌고 하나님 관계에서도 쓰여 졌습니다. 이것은 인간의 노력보다도 하나님의 선물로 이해되어 왔습니다(시 122:6). 궁극적으로는 마지막 날에 성취 될 평화의 왕(사 9:6)이신 예수그리스도를 의미하며 그를 본받는 자가 하나님의 아들로 천국을 상속받게 될 것입니다.

[토] 의를 위하여 핍박을 받는 자 (마 5:10) 찬송445(통502)

의를 위하여의 뜻은 의를 위하기 때문에 라는 의미입니다. 의를 행하기 때문에 핍박을 받는 일은 성경 역사적으로 종종 있어 왔습니다. 대표적으로 다윗이 그랬지만(시 22:20) 우리의 구세주이신 예수님은 엄청난 핍박과 고통을 받으셨습니다(마 27:42-44). 그러나 주님은 성도의 삶이 이 세상에서 하나님의 의를 드러내는 삶이기 때문에 어떤 핍박과 환란이 오더라도 의를 상실하지 말라고 하시며 영생의 상급이 천국에 있음을 말씀하십니다. 마 10:39절에 자기 목숨을 얻는 자는 잃을 것이요 주님 위하여 목숨을 잃는 자는 얻으리라 하셨습니다.

08 • 구세주 예수님에 대한 예언 (1)

[월] 예수님 탄생의 시기 (단 9:25) 찬송36(통36)

다른 종교에 없는 예수님에 대한 구체적인 예언은 이 세상 사람들이 틀림없이 적중되었음을 보고 기독교가 참된 것임을 알고 믿도록 하시는 주님의 은혜로 계시된 것입니다. 예수님만이 절대적으로 구원의 중보자 되심을 증명합니다(행 4:12). 기름 부음 받은 자는 이 땅에 오실 예수님을 말하며 일곱이레는 성전을 재건하기 시작한 바벨론 왕 고레스 원년(B.C.538)부터 예루살렘 성벽과 성전을 중건한 때까지를 말하며 육십이 이레는 성전 중건부터 예수님 탄생(B.C.4)까지입니다. 26절은 주님의 수난과 죽음의 예언입니다(사 53:8).

[화] 예수님 탄생의 장소 (미 5:2) 찬송94(통102)

예수님의 탄생 장소는 베들레헴인데 고대의 명칭은 에브라다 입니다(창 35:19). 두 명칭은 결합되어 종종 쓰여 지기도 했습니다(룻 1:2,4:11). 베들레헴은 떡집이라는 뜻을, 에브라다는 풍성한 열매라는 뜻인데 생명의 떡이 되신 예수님(요 6:48)과 한 알의 밀알이 되어 죽으심으로 많은 생명의 열매를 맺게 하신 예수님(요 12:24)을 예표로 하는 장소이기도 합니다. 이 베들레헴은 아주 작은 촌락인데 이처럼 작은 마을에서 구세주 예수 그리스도께서 태어나신 것은 그 분이 얼마나 겸손하신가를 말해 줍니다. 그는 하나님의 본체이십니다(빌 2:6-8).

[수] 동정녀에서의 탄생 (사 7:14) 찬송122(통122)

이사야 선지자가 약 700년 전에 예언 한 동정녀에게서 탄생할 메시야에 대한 예언이 그대로 이루어 진 것은 하나님께서 얼마나 위대하시고 전능하신가를 증거하는 것입니다. 처녀(히:알마)에 대해 약간의 논쟁이 있으나 결론은 남자관계가 없는 동정녀를 말합니다. 가브리엘 천사장이 마리아가 잉태할 것을 전하니 마리아는 나는 아직 남자를 모른다(부부관계가 없음)했고(눅 1:26-35), 약혼자 요셉은 마리아가 남자로 인하여 임신한 것인 줄 오해하고 조용히 파혼하려 할 때 주의 사자가 현몽하여 성령으로 잉태된 것을 알려 줍니다(마 1:18-25).

[목] 인류 대신 고난당하심 (사 53:4,5) 찬송254(통186)

모든 인간은 자기의 죄 때문에 죽을 수밖에 없습니다. 그리고 인간 모두는 죄인입니다(롬 3:10,23). 이 죄를 인간 스스로 없이 할 수도 깨끗이 할 수도 없습니다. 이 죄 값의 결국은 죽음입니다(롬 6:23). 우리가 영생을 위해서는 죄가 없어야 하는데 이 죄를 우리 대신 짊어지고 죽으신 분이 예수님 이십니다. 본문에 그가 상함은 우리의 죄악 때문이라고 했고 하나님께서 우리 모두의 죄를 그에게 담당시키셨다고 했습니다. 예수님이 이 땅에 오신 목적이 이것인데 이스라엘은 이 세상에서 평안히 잘 살게 해줄 메시야를 기대하여 문제였습니다.

[금] 부활하심 (시 16:10, 눅 24:1-12) 찬송161(통159)

스올은 무덤, 또는 죽음을 뜻 합니다 예수님을 무덤에 그대로 방치 하거나 썩지 않게 하실 것을 예언한 것입니다. 즉 부활의 첫 열매가 되실 것을 의미합니다(고전 15:12-20). 기독교는 타 종교에 없는 부활이 있습니다. 예수님은 직접 부활을 보여 주심으로 큰 소망을 우리에게 주셨습니다. 그래서 그를 믿는 모든 사람은 이미 영생을 얻었고(요 5:24), 육신이 죽는다 해도 겁을 내지 않는 것입니다. 마지막 날에 다시 살게 되기 때문입니다(요 11:24-27, 눅 14:14). 아담 한 사람으로 죽음이 왔지만 예수님 한 분으로 부활을 얻었습니다(고전 15:21, 22).

[토] 승천하심 (시 68:18) 찬송180(통168)

다윗은 예수님께서 승천하실 것을 암시적으로 예언합니다. 주께서 높은 곳으로 오르신다고 했는데 높은 곳은 예루살렘을 뜻합니다. 이스라엘의 수도요 중심지를 높이기 때문입니다. 마치 옛날 한양에 올라간다는 말과 같은데 임금이 있고 수도이기 때문입니다. 그러나 여기에서의 높은 곳은 이 땅위에서 구원의 사역을 이루신 예수님께서 하늘의 영광 보좌가 있는 하늘나라에 오르실 것을 의미합니다(엡 4:8). 예수님은 제자들에게 복음 전파를 부탁하시고 새 예루살렘이 있는 하늘로 승천하셨습니다(막 16:19, 눅 24:51, 행 1:9).

09 • 구세주 예수님에 대한 예언 (2)

[월] 다윗왕의 예언 (시 68:18) 찬송488(통539)

예수님께서 이 땅에 오셔서 제자인 가룟 유다의 배신(시 41:9)을 비롯하여 많은 일들이 예언되어 있지만 생략하고 유명한 선지자들의 예언을 몇 가지만 살펴보기로 합니다. 여기의 다윗은 시인이요 예언자 이지만 이스라엘 왕으로 유명하여 왕으로 표기하였습니다. 그는 앞으로 높은 곳에 오르실 것을 예언하는데 높은 곳은 새 예루살렘인 천국을 의미합니다. 하늘에 있는 영광의 보좌에 앉으실 것을 예언했습니다(엡 4:8). 또한 앞으로 구원받은 백성들과 함께 동거 하시며 찬송과 영광을 받으실 것을 예언하고 있는 것입니다.

[화] 이사야 선지자의 예언 (사 32:1) 찬송490(통542)

이사야는 예수님에 대하여 많은 예언을 한 선지자인데 앞으로 천국에서 영원한 왕으로 천국 백성을 다스리게 될 것을 예언하고 있습니다. 한 왕이란 일차적으로 종교개혁을 통해 여호와 하나님의 신앙을 부흥시킨 히스기야왕(B.C.715-687)을 뜻하지만 궁극적으로는 의의 왕이신 예수그리스도를 가리킵니다. 예수님께서 다스릴 왕국은 하나님의 의로 다스려지며 이 세상의 인간들이 욕심으로 다스리는 불의와 불공평의 통치가 아니라 공평이라는 규범으로 다스려질 영원한 나라가 될 것을 복합적으로 예언하고 있습니다.

[수] 예레미야 선지자의 예언 (렘 23:5-8) 찬송538(통327)

메시야인 예수그리스도께서 다윗의 혈통에서 육신으로 탄생하실 것을 사무엘 선지자도 예언합니다(삼하 7:8-16). 그래서 예수님이 아브라함과 다윗의 자손(마 1:1)으로 불려 졌던 것입니다. 이토록 성경에 나오는 예언은 예수님만이 이 세상을 구원하실 하나님으로 증거 하기 위해 기록하고 틀림없이 이루셨던 것입니다(마1:18-25). 그래서 앞으로 이루어질 예언들도 어김없이 이루어 질 것을 확신하는 것입니다. 이스라엘 사람들도 자기들을 구원할 메시야를 기다리다가 지금은 예수님이 진정 메시야임을 인정하는 사람이 많아지고 있다고 합니다.

[목] 말라기 선지자의 예언 (말 3:1-5) 찬송540(통219)

말라기 선지자는 예수님 탄생 430년 전에 활동했던 선지자인데 예수님의 사자를 먼저 보내실 것을 예언합니다. 이 사자는 세례 요한을 말합니다(마 11:10, 눅 7:27). 그는 예수님보다 6개월 먼저 출생하였고 예수님에 대하여 증거 합니다. 예수님의 길을 예비하는 회개의 길을 닦는 인물이었습니다. 왕이 행차 할 때는 모든 장애물을 치우고 평탄한 길을 만들듯이 세례요한은 회개를 시키고 예수님을 영접할 수 있도록 만든 것입니다. 새 언약의 중보자 되신 예수님은 회개하고 깨끗해진 심령 속에 임재 하셔서 그를 성전 삼고 계십니다(고전 3:16).

[금] 스가랴 선지자의 예언 (슥 9:9) 찬송543(통342)

지위가 높은 사람이 외출할 때는 보통 말을 탑니다. 다윗의 왕위를 이어받아 하나님의 택하신 백성을 다스리실 예수님은 마땅히 말을 타셔야 하는데 예수님은 겸손하게 나귀 새끼를 타고 예루살렘에 입성 하셨습니다(마 21:1-11). 예언이 이루어진 것입니다. 시온의 딸아 크게 기뻐할 지어다 예루살렘의 딸아 즐거이 부를 지어다. 라고 예언한 그대로 백성들의 환영 속에 입성하신 것입니다. 나귀 새끼를 타신다는 것은 세상을 호령할 왕이 아니라 도리어 자기를 낮추고 많은 사람을 섬기는 겸손함을 뜻하는데 사명 감당의 비결은 온유와 겸손입니다.

[토] 다니엘 선지자의 예언 (단 2:44,45. 7:13-27) 찬송491(통543)

바벨론의 왕 느브갓네살이 꿈을 꾸고 번뇌할 때에 유다에서 포로로 잡혀간 다니엘이 그 꿈을 해석한 내용이 이 세상 종말에 대한 것입니다. 세상 나라들이 모두 망한 후에 하나님께서 영원한 한 나라를 세우실 것을 말씀하십니다. 이 후에 바벨론의 벨사살 왕 원년에 다니엘이 그의 침상에서 받은 계시도 마지막 때에 일어날 예언인데 예수그리스도께서 세상의 모든 사람과 나라들을 심판하시고 없어지지 않을 영원한 나라를 세우실 것을 예언케 하셨는데 앞으로 우리 앞에 이루어질 확실한 예언입니다.

10 • 그리스도의 예시적(豫示的) 사건들 (1)

[월] 아담 (롬 5:14) 찬송214(통349)

구약성경의 율법은 실체가 아니라 그리스도라는 실체를 표현했던 하나의 예표(그림자)에 불과합니다(골 2:17). 하나님의 말씀을 불순종하여 죄를 지었던 첫 사람 아담은 이 땅에 육신으로 오실 예수 그리스도의 모형입니다. 아담이 혈통 상 온 인류의 대표자로서 모든 사람과 연합 관계에 있듯이 예수그리스도는 의의 대표자로서 그를 믿고 의롭다 하심을 받은 모든 사람과 연합 관계에 있기 때문입니다. 대표자와 연합의 원리인 것입니다. 아담은 죄와 사망을 초래하였지만 예수그리스도는 의와 생명이라는 결과를 가져왔습니다.

[화] 아벨 (히 12:24) 찬송252(통184)

옛 언약은 율법의 지시에 따라 불완전한 동물의 피로 드려진 제사였습니다. 그러나 예수 그리스도의 피 제사는 단번에 속죄 사역을 이루신 완전한 피 제사였습니다. 이를 통하여 영생을 얻게 된 것입니다(히 8:8-12). 히브리서 9장에서 동물의 피 보다 우월한 그리스도의 피에 대하여 언급한 저자는 형에 의하여 피 흘리고 죽은 아벨의 피보다 더 나은 것이라고 말합니다. 아벨의 피는 자신의 억울한 죽음을 복수해 달라는 호소이지만(창 4:10) 그리스도의 피는 원수까지도 용서해 달라는 화목을 위한 피였기 때문입니다(눅 23:34, 롬 5:10).

[수] 멜기세덱 (히 7:1-3) 찬송492(통544)

창세기 14장에 보면 소돔에 거주하는 아브람의 조카 롯이 이웃나라 왕들에게 사로잡혀 갔을 때 아브람은 자기 집에서 훈련된 사람 318명을 거느리고 조카의 식구들과 재물들을 모두 찾아옵니다. 이 때 마중 나온 살렘 왕 멜기세덱이 떡과 포도주를 가지고 왔는데 그는 하나님의 제사장이었습니다. 그가 아브람에게 축복하니 아브람은 얻은 것의 십분의 일을 드립니다. 멜기세덱의 의미는 '나의 왕은 의로우시다'라는 뜻인데 그가 통치한 살렘과 함께 의의 왕이요 평화의 왕입니다. 아비도 없고 어미도 없는 외형으로 예수님의 예표입니다.

[목] 모세 (신 18:15) 찬송246(통221)

모세는 하나님의 백성 이스라엘을 애굽에서 이끌어 낸 인물입니다. 그는 예수님께서 그의 백성들을 죄악에서 구원으로 이끌어 내실 일의 예표적인 인물입니다. 모세는 하나님의 음성을 듣고 전하는 인물이었는데 궁극적으로는 하나님과 사람 사이의 중보자 되시는 예수님을 증거하고 있습니다. 모세가 하나님의 음성을 들은 것은 내가 그들의 형제 중에서 너와 같은 선지자 하나를 그들을 위하여 일으키고 내 말을 그 입에 두리니... 누구든지 내 이름으로 전하는 내 말을 듣지 아니하는 자는 내게 벌을 받을 것이라(신 18:18,19) 했습니다.

[금] 만나 (요 6:32,33) 찬송446(통500)

이스라엘 백성들이 광야 생활을 했던 전 기간 동안 먹고 살았던 음식은 하늘로부터 내려진 만나였습니다(출 16:35). 이 만나는 온 인류에게 생명을 주시는 예수님, 생명의 떡이 되시는 예수님(요 6:47-51)의 예표입니다. 만나는 40년 동안 이스라엘 백성들의 육신의 양식이었지만 예수님은 영혼의 양식이요 떡이 되십니다. 사람은 떡으로만 살 것이 아니요 하나님의 입으로부터 나오는 모든 말씀으로 살 것이라(신8:3.마4:4)하셨습니다. 우리의 양식이 되시고 생명으로 오신 예수님의 말씀을 열심히 먹고 살아야 합니다(요 1:1-4).

[토] 유월절 양 (고전 5:7) 찬송265(통199)

하나님께서 이스라엘 자손을 애굽의 속박으로부터 구원하여 내신 것을 기념하기 위하여 유대인들이 봄이올 때 마다 지키는 절기가 유월절입니다(출 12:1-14). 흠이 없고 1년 된 수컷 어린양을 잡아서 피를 문설주와 인방에 발랐습니다. 이 때에 잡는 양을 유월절 양이라 하는데 이 양은 그리스도 예수님의 죽음을 예표 합니다. 구약시대에 짐승의 피로 세웠던 옛 언약은 어린 양 예수그리스도께서 온 인류의 죄를 담당하시고 십자가에 죽으심으로 무효화 되고 새 언약으로 우리는 구원을 받아 영원한 생명으로 들어가는 것입니다(히 9:11-15).

11 • 그리스도의 예시적(豫示的) 사건들 (2)

[월] 사닥다리 (창 28:12) 찬송490(통542)

장자 권을 빼앗은 야곱은 형 에서를 피해 외삼촌이 사는 밧담아람으로 도피합니다. 한 곳에 이르러 날이 저물자 돌 하나를 취해 베개하고 잠을 자는데 꿈에 사닥다리 하나가 땅 위에서 하늘에 닿았고 하나님의 사자가 그 위에 오르락내리락 하는 것을 보게 됩니다. 이 사닥다리는 하나님과 죄인 되는 땅의 인간 사이를 이어주는 영적 가교 역할을 의미하는데 하나님과 인간의 중보자 되시는 예수 그리스도를 예표하는 것입니다(요 1:51). 천사들은 예수님 이름으로 기도하는 기도를 하나님 앞에 전달하기 위해 길처럼 오르내리는 모습입니다(요 14:6).

[화] 반석 (출 17:1-7) 찬송200(통235)

이스라엘 사람들이 신 광야를 떠나 르비딤에 장막을 쳤지만 마실 물이 없어 모세를 원망하고 다툽니다. 하나님은 이를 보시고 모세에게 지팡이로 반석을 쳐서 생수가 나오게 하십니다. 그래서 그곳의 이름을 맛사(시련, 유혹)라고 또는 므리바(모세와 말다툼을 해서, 말다툼)이라고 명명합니다. 이 사건은 신약에서 생명수 되시는 예수 그리스도를 예표 합니다. 고전 10:4절에 다 같은 신령한 음료를 마셨으니 이는 그들을 따르는 신령한 반석으로부터 마셨으매 그 반석은 곧 그리스도라고 했습니다.

[수] 모퉁이 돌 (시 118:22,23) 찬송488(통539)

본문의 저자가 다윗이라면 다윗이 사울의 박해에서 벗어난 후 자신이 이스라엘 왕이라는 머릿돌로 표현했다고 볼 수도 있는 부분인데 이 단어는 마 21:42에 예수님께서 직접 자신에게 적용하셨습니다. 머릿돌(히: 로쉬)은 근원 우두머리라는 뜻으로 건물에서 가장 근간이 되는 기초석을 의미합니다. 예수그리스도께서 유대인들의 배척을 받아 버림을 받았지만 결국에는 구원의 공동체가 되는 교회의 기초석이 되실 것을 예표 합니다. 사도들도 이를 예수그리스도로 예언한 것으로 알고 많이 인용하고 있습니다(엡 2:20,21, 벧전 2:4,5).

[목] 놋 뱀 (민 21:5) 찬송216(통356)

젖과 꿀이 흘러넘치는 가나안 땅으로 인도하시는 하나님에 대하여 이스라엘 백성들은 원망과 불평을 합니다. 매일 먹는 만나가 신물이 나서 먹지 못하겠다는 것입니다. 하나님께서는 독사들을 보내셔서 그들을 벌 하시는데 이에 잘못을 느낀 백성들이 독사들을 제거해 달라고 애원을 하자 놋뱀을 만들어 장대에 높이 달게 하시고 이를 쳐다보는 모든 사람은 낫게 하십니다. 요 3:14에 예수님은 모세가 광야에서 뱀을 든 것 같이 인자도 들려야 한다고 하시며 그를 믿는 자 마다 영생을 얻게 하려 하심이라... 십자가의 대속을 굳게 믿어야 합니다.

[금] 실로암 (사 8:6) 찬송323(통355)

실로암은 히브리말로 보냄을 받다라는 뜻입니다. 이 실로암 물은 B.C701년 산 헤립의 앗수르 군대가 유다를 침공했을 때 히스기야 왕은 침략자들에게 물이 공급되지 않도록 도시 밖의 모든 우물들을 폐쇄 시킵니다(대하 32:2-4). 그리고 땅 속의 터널을 통해 성 안으로 물을 끌어와 실로암을 만듭니다(대하 32:30). 요 9:6에 예수님께서 한 소경을 만나 땅에 침을 뱉어 진흙을 이겨 그의 눈에 바르시고 실로암 물에 가서 씻으라고 보내십니다. 그는 씻고 밝은 눈으로 왔습니다. 예수님은 영적 장님인 우리를 보게 하시려 보내진 실로암입니다(요 17:18).

[土] 도피성 (출 21:13,14) 찬송70(통79)

살인한 사람은 반드시 죽여야 하지만 계획적(고의적)으로 한 것이 아닌 우발적 사건이라면 피난처를 정하여 살 수 있도록 하나님께서 허용하시는데 이 피난처가 도피성입니다(민 35:9-12). 만군의 여호와께서 우리와 함께하시니 야곱의 하나님은 우리의 피난처 시로다(시 46:11) 했습니다. 우리와 함께 하시며 진정한 피난처 되시는 분은 임마누엘로 오신 예수님이십니다(마 1:23). 우리는 자나 깨나 예수님과 함께 있음을 생각하고 그 분을 피난처로 생각하고 기도로 소통하며 살아야 할 것입니다.

12 • 그리스도의 예시적(豫示的) 사건들 (3)

[월] 이삭 (창 17:15-18, 22:1-19) 찬송385(통435)

하나님께서는 인간이 이해할 수 없는 일들을 하심으로 자신이 전능하심을 나타내실 때가 있는데 아브라함의 아내 사라의 경우도 그가 아이를 출산시킬 수 없는 90세에 이삭을 낳게 하신 것입니다. 예수님의 탄생도 동정녀 마리아에게서 성령으로 잉태시켜 태어나게 하셨습니다. 또한 아브라함이 노년에 얻은 외아들 이삭을 시험하시려고 번제물로 바치라고 명령하심으로 모리아 산에서 이삭을 묶어 장작 위에 놓고 칼로 죽이려 할 때 하나님께서 막으시고 그의 순종함을 인정하십니다. 이삭은 십자가 나무에 달려 죽으신 예수님의 예표입니다.

[화] 요셉 (창 37:3-5, 25-28) 찬송220(통278)

야곱이 노년에 얻은 아들 요셉은 여러 아들들 보다 더 사랑을 받으므로 형들로부터 미움을 받다가 형들이 양 치는 곳에 심부름을 갔다가 형들이 죽이려 하자 유다의 제의로 미디안 상인들에게 은 20세겔에 애굽으로 팔려 갑니다. 결국 요셉은 천신만고 끝에 애굽의 국무총리가 됩니다. 온 나라를 다스리게 될 때에 이스라엘에 흉년이 들어 곡식을 사러 온 형들을 만나게 되고 요셉의 꿈처럼 그들은 무릎을 꿇고 절을 합니다. 이는 예수님이 가룟 유다에 의해 은 30냥에 팔릴 것과 장래 천국에서 만민이 예수님께 절하게 될 것의 예표입니다.

[수] 다윗 (삼상 13:14) 찬송353(통391)

제사장이 아닌 사울 왕이 블레셋 사람들이 무서워 변칙적으로 하나님께 번제를 드렸다가 사무엘 선지자가 책망을 하면서 하나님께서는 이미 그의 마음에 맞는 사람을 구하여 백성의 지도자로 삼으셨다고 말합니다. 사도행전 기자는 행 13:22에서 다윗을 왕으로 세우시고 증언하여 이르시되 내가 이새의 아들 다윗을 만나니 내 마음에 맞는 사람이라 내 뜻을 다 이루리라 하셨다고 기록하고 있습니다. 물론 다윗이 저지른 죄가 있지만 하나님을 향한 순종의 마음은 앞으로 만왕의 왕이요 참되신 예수님을 닮았습니다.

[목] 요나 (욘 1:17) 찬송502(통259)

요나 선지자는 티그리스 강 근처에 있는 앗수르 제국의 수도 니느웨로 가서 하나님의 말씀을 전하고 회개 시키라는 명령을 받습니다. 그러나 이를 피해 다시스로 가는 배를 타고 가다가 풍랑을 만나 제비를 뽑아 풍랑의 죄인이 됩니다. 선원들에 의해 바다에 던져지자 하나님께서 예비하신 큰 물고기의 뱃속에 들어가 3일 동안 갇혀 있다가 결국 니느웨로 향하게 됩니다. 표적을 바라는 바리새인들과 서기관들에게 예수님은 자신도 요나처럼 무덤에서 3일 동안 계시다가 부활하게 될 것을 암시하는 말씀을 하십니다(마 12:39-41).

[금] 보아스 (룻 4:13-15) 찬송585(통384)

사사시대에 이스라엘에 흉년이 들어 나오미의 식구들이 모압 지방에 이주해 살다가 남편 엘리멜렉과 두 아들이 죽게 되자 귀향하는 그를 끝까지 따르는 룻을 데리고 베들레헴으로 옵니다. 그곳에서 친척인 보아스를 만납니다. 모압으로 이주하기 전의 모든 기업을 무를 수 있는 인물인 것입니다. 보아스는 강한 자, 혹은 힘센 자라는 의미입니다. 그는 룻과 결혼하여 나오미의 억울함을 풀어 주고 기업을 찾아 줍니다. 그에게서 다윗의 할아버지 오벳을 낳습니다. 그는 사망의 권세를 이기시고 천국을 회복시키실 예수님의 예표적 인물입니다.

[토] 여호수아 (출 33:11) 찬송347(통382)

여호수아(헬: 예수스)는 여호와는 구원하신다는 뜻입니다. 우리의 믿음의 주가 되시는 예수와 같은 의미의 이름입니다. 히브리어로 여호수아 인 것입니다. 그는 모세의 군사 부관(시종)이었고 제자였습니다. 그는 모세를 따라 시내산에 올라가서 하나님을 만나는 40일 동안 그곳에 머물렀고(출 32:15-17) 회막을 떠나지 않고 관리자로 모세를 도왔습니다(본문). 또한 가나안 땅을 정탐하러 간 12명 중의 한 사람으로 긍정적이요 열정적이고 순종의 사람이었습니다. 영적 이스라엘 백성을 영원한 천국(가나안)으로 이끄시는 예수님을 상징하는 인물입니다.

13 • 그리스도의 예시적(豫示的) 사건들 (4)

[월] 베데스다 (요 5:2-13) 찬송453(통506)

예수 그리스도의 성품이나 사역 등이 미리 상징적인 예표로 보여 진 사실들이 많이 있지만 앞으로 몇 가지만 더 소개합니다. 예루살렘 동북편의 양문 곁에 베데스다(자비의 집)라는 못이 있었는데 가끔 천사가 내려와 물을 움직일 때 제일 먼저 들어가는 사람은 어떤 병에 걸렸든지 모두 낫는 기적이 일어납니다. 예수님이 그곳을 지나가실 때 38년간 몸을 움직이지 못하던 병자를 고쳐주십니다. 진정한 베데스다의 실체는 예수님이십니다. 모든 병자가 예수님께 올 때에 천국복음을 들려주시며 고쳐 주셨기 때문입니다(마 4:23,24).

[화] 방주 (창 6:13-17) 찬송436(통493)

하나님께서는 사람들의 타락을 한탄하셔서 큰물로 심판하실 것을 말씀하시며 노아의 식구들을 위하여 구원의 방주를 만들게 하시고 많은 사람들에게 경고하게 하십니다.120년 동안의 준비 기간을 주시는데 사람들은 조롱만 합니다. 결국 홍수로 노아의 식구 8명만 구원 받습니다.이후 인생들의 수명이 120년으로 단축되는데(창 6:3) 이는 구원의 준비 기간임을 명심해야 합니다. 예수님은 우리의 구원의 방주가 되십니다. 이 세상에서 육신이 있는 동안 구세주 예수 그리스도를 믿어야 할 이유입니다. 속히 방주를 준비해야 합니다(롬 3:24,10:4).

[수] 베들레헴 (미 5:2) 찬송430(통456)

베들레헴은 떡집이라는 뜻입니다. 에브라다는 옛날 명칭으로 곡물의 땅이라는 뜻이요 생명의 떡이신 예수님을 의미하는 단어 입니다. 다윗 왕이 이곳에서 태어나서 다윗 성(눅 2:11)이라 불리어지기도 했습니다. 미가 선지자는 이곳에서 위대한 통치자가 탄생하게 될 것을 예언한 대로 예수님께서 이곳의 마구간에서 태어나신 것입니다. 하나님의 천사가 양을 치는 목자들에게 나타나 보라 내가 온 백성에게 미칠 큰 기쁨의 소식을 너희에게 전하노라 오늘 다윗의 동네에 너희를 위하여 구주가 나셨으니 곧 그리스도 주시라 했습니다(눅 2:3-11).

[목] 규 (홀, 지팡이) (시 45:6) 찬송390(통444)

규라는 뜻은 왕권이나 통치권을 상징하는 휴대용 지팡이를 뜻합니다. 왕들이 오른 손에 들고 다니던 약1.5m의 지팡이를 가리키지만 왕권을 나타내는 이스라엘 특유의 상징물입니다. 궁극적으로 천국에서 최고의 왕권을 가지게 되실 예수그리스도를 예표한 것입니다. 본문에 주님의 왕권은 영원하고 그의 통치는 정의로운 통치가 될 것을 예고하고 있습니다. 히브리서 저자는 이를 인용하여 그는 그의 천사들을 바람으로, 그의 사역자들을 불꽃으로 삼으시고 그 보좌가 영원할 것을 기록하고 있습니다.

[금] 실로 (창 49:10) 찬송27(통27)

실로(안식을 주는 자)는 지명이나 평화의 시기로도 표기하고 있는데 유다의 가문을 통해 메시야가 오실 것을 예언하고 있습니다(민 24:17, 마 1:1-16). 예수그리스도의 상징적인 이름인 것입니다. 앞으로 천국에서 만왕의 왕 되시는 예수님 앞에서 모든 백성이 복종하게 될 것을 예고하고 있습니다. 본문의 실로는 평안과 구원을 통해 안식을 주실 분이 오실 것을 말씀하심으로 만왕의 왕이요 평강의 왕이 되시는 예수그리스도의 예표적인 명칭으로 사용되고 있는 것입니다.(요14:27)

[토] 태양 (말 4:2) 찬송379(통429)

이 세상에서 가장 크고 밝은 빛은 태양입니다. 그래서 인간들은 새 해에 태양이 떠오를 때 빛나는 한 해가 되게 해 달라고 합장을 하고 비는 것입니다. 태양의 집(벧세메스)등을 만들어 죄를 짓기도 하는 것입니다. 성경에 보면 태양은 분명히 하나님께서 지으신 창조물에 불과 합니다(창 1:15-18). 하나님은 빛의 근본이시요(요 1:4-9) 태양에 비유하여 자신을 말씀하기도 하셨습니다. 본문에는 공의로운 해로 말씀하시는데 태양보다 더 강렬하신 빛 이십니다. 죄와 병을 치유하셔서 기쁨을 주시는 예수그리스도를 상징합니다.

14 • 그리스도의 예시적(豫示的) 사건들 (5)

[월] 성막문 (출 26:36) 찬송527(통317)

솔로몬이 성전을 짓기 이전에 이스라엘 백성이 광야에서 하나님께 제사 드릴 때 하나님께서 지시하시는 대로 성막을 만듭니다. 이 성막에 들어가려면 동쪽으로 난 문을 통과해야 하는데 각색 아름다운 실로 수를 놓아 짠 문입니다(출 28:18). 이는 아름답고 선하신 예수님을 상징합니다. 예수님은 양의 문이 되시며(요 10:7), 누구든지 그를 믿으면 멸망하지 않고 영생을 얻을 것이라 하셨고(요3:16), 누구든지 그의 이름을 부르는 자는 구원을 얻으리라 하셨습니다(롬 10:13). 지금도 활짝 열려 있는 오직 하나뿐인 구원의 문입니다(행 4:12).

[화] 번제단 (출 27:1–8) 찬송304(통404)

놋으로 만든 이 제단은 양을 잡아 각을 떠서 모두 불살라 드리는 제단입니다. 예수님이 성문 밖에서 십자가에 달려 인류의 죄를 속죄하신 속죄양의 예표입니다(히 13:11). 여기에 나타난 불은 하나님께서 내리신 거룩한 불입니다(레 9:23,24). 이 불은 제사장이 항상 간수하고 등잔에도 붙여 꺼뜨리지 않아야 합니다. 엘리야의 제단에도 이 불이 내려 제물을 태움으로 하나님의 살아계심을 증명했습니다(왕상 18:38). 세례 요한은 예수님께서 불과 성령으로 세례를 주실 것을 말했습니다.이 성령의 불을 받아야 사랑의 사람으로 변화됩니다(행 2:46,47).

[수] 물두멍 (출 30:18–20) 찬송252(통184)

놋으로 만든 물두멍은 제사장들이 성막에 들어갈 때 손발을 씻는 물을 담아 놓습니다. 씻지 않고 들어가면 죽습니다. 우리도 죄를 씻어야 천국에 들어갈 수 있습니다. 십자가에 달리신 예수님을 한 군병이 창으로 옆구리를 찌르니 피와 물이 나왔다고 했습니다(요 19:34). 그 물과 피로 우리의 죄를 씻으신 예수님의 예표입니다. 어느 날 예수님이 제자들의 발을 씻기실 때 베드로가 거부합니다. 이때 예수님께서 내가 너를 씻기지 아니하면 내가 너와 상관이 없다고 하십니다(요 13:5–8). 예수님 십자가의 피로 죄 씻음 받아야 구원을 얻습니다.

[목] 등잔대 (금등대) (출 25:31-40) 찬송197(통178)

촛대가 아닌 기름으로 불을 밝히는 등잔대는 모두 금을 쳐서 만들었습니다. 이는 성소 남쪽에 두는데 밑판과 줄기와 잔과 꽃받침과 꽃을 한 덩어리로 연결하여 중심 줄기의 잔 양옆에 각 3개씩의 잔이 있어 7개의 등불을 밝히게 됩니다. 완전수입니다. 이는 빛 되신 예수님을 뜻합니다(요 1:4,5. 9-12, 엡 5:8,14.). 등잔대에는 제사장이 아침저녁으로 감람유를 공급합니다. 감람유는 성령을 뜻합니다. 우리도 예수님의 이름으로 부어 주시는 성령을 받아야(요 14:26) 주님의 빛을 능력 있게 전할 수가 있습니다.

[금] 떡상 (출 25:23-30) 찬송198(통284)

금등잔 맞은편에는 떡 상이 놓입니다. 이는 영적인 영양분을 만들어 주시는 하나님의 말씀이요 살아계시는 예수님을 뜻합니다. 예수님은 생명의 떡이 되시며(요 6:35), 하늘에서 내려 오신 떡이요(요 6:50), 영생을 주시는 떡이십니다(요 6:51). 그렇기에 우리는 매일같이 하나님의 말씀을 먹어야 우리 영혼에 만족을 줄 수 있습니다. 마 4:4에 사람이 떡으로만 살 것이 아니요 하나님의 입으로 나오는 말씀으로 살 것이니라 하셨습니다. 전자의 떡은 육신의 떡이지만 후자의 떡은 우리의 영원한 생명과 직결되어 있으니 말씀을 항상 사모해야 합니다.

[토] 분향단 (출 30:1-10) 찬송364(통482)

분향 단은 등잔대와 떡 상의 중간에 있습니다. 지성소 휘장 바로 앞에 있습니다. 아침과 저녁으로 제사장이 등잔대의 불을 점검할 때에 분향 단에도 향을 사르게 됩니다. 분향은 기도를 의미합니다(계 5:8). 예수님은 항상 우리의 기도를 들으십니다. 기도는 사람의 호흡과 같습니다. 그렇기에 항상 쉬지 말고 기도해야 합니다(살전 5:17). 성도들은 모두가 세상의 핍박을 받습니다. 그때 마다 기도해야 합니다. 주님께서 고난을 당하셨으니 도우실 것이요(히 2:18), 조금도 의심 말고 기도할 것이요(약 1:6,7), 예수님 이름으로만 할 것입니다(요 15:16).

15 • 그리스도의 예시적(豫示的) 사건들 (6)

[월] 지성소 (출 25:17) 찬송268(통202)

지성소의 의미는 지극히 거룩한 곳이라는 뜻인데 이곳에는 대제사장 외에는 들어갈 수 없는 곳입니다. 이곳은 인간이 하나님을 만나는 장소이자 계시의 장소(출 25:22)로 속죄를 위해 대제사장이 양의 피를 뿌리는 속죄의 장소입니다. 어린 양 되시는 예수 그리스도께서 인생들을 위해 피를 흘리시고 영원한 지성소(하늘나라)에 들어가실 것에 대한 예표입니다. 언약궤가 있고 그 위에는 죄를 덮어 주시는 하나님의 자비하심을 상징하는 속죄소(출 25:17)가 있어 언약궤를 덮고 있습니다. 이를 시은좌(시은소)라 하는데 하나님의 보좌를 의미합니다.

[화] 언약궤 (신 10:8) 찬송266(통200)

법궤라고 부르는 이 궤는 여호와의 궤(수 3:13) 하나님의 궤(삼상 3:3) 증거궤(출 25:22)로도 부릅니다. 이 궤 위에는 그룹이라는 천사가 궤를 덮는 모습으로 마주하고 있는데 하나님의 임재를 뜻합니다. 언약궤 안에는 두 돌판(출25:16)과 만나를 담은 항아리(출 16:33, 34)와 아론의 싹이 난 지팡이(민 17:4)가 간수되어 있습니다. 전자에 설명 드렸지만 예수님의 예표들입니다. 대제사장 만 들어가서 양의 피를 뿌리고 속죄할 수 있는 속죄소를 히브리서 9:12에 예수 그리스도께서 속죄양으로 자기의 피로 언약을 단번에 이루신 것으로 말합니다.

[수] 성소 (출 26:33) 찬송391(통446)

바깥 휘장과 안 휘장 사이의 공간이 성소입니다 그 안의 금등잔 분향단 떡상 모두가 예수님의 예표로 제사와 관계 됩니다만 예수님 부활 승천하신 이후의 제사(예배)는 영과 진리로 하게 됩니다(요 4:21-24). 그를 믿고 순종하는 사람들의 몸을 성전 삼고 예배를 받으시는 것입니다. 성도는 성소 안에 있는 금 등잔처럼 항상 세상을 향해 불을 비추어야 하고 분향단 에서의 기도가 있어야 하고 하나님의 말씀의 떡을 항상 음미해야 합니다. 너희는 너희가 하나님의 성전인 것과 하나님의 성령이 너희 안에 계시는 것을 알지 못하느냐(고전 3:16)

[목] 휘장 (레 16:2) 찬송303(통403)

하나님께서는 모세에게 안 휘장과 바깥 휘장을 만들게 하십니다. 그리고 안 휘장을 경계로 지성소와 성소로 구분하는데 대제사장이 지성소로 들어가기 위해서는 안 휘장을 열어야 하는데 이 안 휘장이 바로 아무 흠도 없으신 예수님의 육체를 뜻합니다. 마태복음 27:50, 51절에 예수님께서 십자가에서 못 박혀 운명하실 때 이 안의 휘장이 위로부터 아래까지 찢어져 둘로 되었습니다. 이는 하나님과 인간에 가로막혔던 죄가 그로 말미암아 제거되어 속죄받은 인류가 하나님 앞에 자유롭게 나아갈 수 있음을 뜻합니다. 새롭고 산길입니다(히 10:20).

[금] 울타리 (출 27:9-16) 찬송390(통444)

하나님께서는 본 성막 외곽에 울타리를 만들고 그 안에 뜰을 만들게 하시는데 규모는 길이가 약 45.6m, 폭은 약 22.8m입니다. 기둥을 박고 휘장을 둘러치게 하십니다. 뜰의 넓이가 약 378평 입니다. 일종의 울타리로 안뜰이 만들어진 것입니다. 이 뜰의 의미는 구원과 안전을 뜻하며(계 11:1,2) 하나님의 소유를 뜻합니다(사 43:1-3). 또한 보호하심을 뜻합니다(요15:4-7). 하나님의 뜰에 있는 사람은 모두 하나님의 백성입니다. 울타리 밖에 있는 사람은 구원받지 못한 이방인입니다.

[토] 십자가 성막 (레 17:11) 찬송265(통199)

전체 성막의 동쪽 문에서 서쪽으로 일직선으로 놓여진 성물들을 차례대로 보면 번제단, 물두멍, 그리고 밖의 휘장을 열고 들어가면 분향단이 있고 안쪽 휘장을 열고 들어가면 언약궤가 있습니다. 세로로 된 성물들입니다. 또한 성소 안에 있는 성물 중의 가로로 놓여진 성물은 남쪽에 등잔대가 있고 북쪽에 떡상이 위치합니다. 위에서 전체적으로 볼 때에는 십자가 형태가 되는 것입니다. 죄많은 인생들을 구원하시려 이미 하나님께서는 예수님을 이 땅에 보내셔서 그의 피로 구원하시려고 작정하신 것을 알 수 있습니다(레 17:11, 히 9:20-22).

16 • 성령님의 칭호(稱號) (1)

[월] 하나님의 성령 (고전 3:16) 찬송191(통427)

출애굽기 25:8에 하나님께서는 이스라엘 백성 중에 거하시기 위해서 성소를 짓게 하십니다. 성소는 하나님의 영이 거하시는 장소를 말하는데 본문의 성전이 바로 성소가 됩니다. 성전 전체를 가리키는 말인 헬라어 히에론이 아니라 거룩하신 하나님의 영이 거하시는 장소인 나오스라는 말로 표기되고 있습니다. 이 말씀은 고린도전서 6:19절에도 나오는데 예수그리스도를 믿는 모든 사람들의 몸이 하나님의 성령이 거하시는 성소라는 것입니다. 그렇기에 우리 몸은 하나님께서 기뻐하시는 거룩한 몸이 되도록 힘써 지켜야 합니다.

[화] 아버지의 성령 (마 10:20) 찬송182(통169)

성령님의 언급은 성경에서 여러 말로 표현되고 있습니다. 마태가 본문에서 성령님을 아버지의 성령으로 언급한 것은 자녀들을 보호하시고 양육하시는 하나님의 성품을 설명하기 위해서 사용하고 있습니다. 성령의 교리를 잘못 이해하면 아버지의 영이 아들의 영과 다른 것으로 오해하기 쉬운데 육신적인 개념 때문에 빚어진 것입니다. 요 14:10에 나는 아버지 안에 있고 아버지는 내 안에 계시다는 말씀을 보아 아버지의 성령과 아들의 성령이 다르지 않다는 것으로 이해되어야 합니다. 분립되는 육신적인 해석은 배제되어야 합니다.

[수] 예수 그리스도의 영 (빌 1:19) 찬송185(통179)

사도행전 16:7에 사도 바울이 아시아에서 복음을 전하려고 비두니아(터어키 북쪽)로 가려고 하매 성령님께서 이를 막으셔서 무시아를 거쳐 드로아(에게해 연안 항구도시)로 내려갔습니다. 밤중에 환상으로 마케도니아 사람이 우리를 도와 달라고 합니다. 바울은 예수님의 지시로 알고 순종합니다. 이토록 구원의 복음을 말할 때는 예수님의 영으로 인도하심을 받고 있는 것을 알 수 있습니다. 본문에도 예수그리스도의 이름으로 오시는 성령으로 구원에 이름을 고백하고 있습니다. 지금도 성령님은 우리 속에서 이를 이루시고자 역사하십니다.

[목] 아들의 영 (갈 4:6) 찬송197(통178)

로마서 8:15에 너희는 다시 무서워하는 종의 영을 받지 아니 하였고 양자의 영을 받았으므로 아빠 아버지라 부르짖느니라 했습니다. 양자(헬, 휘오데시아)는 아들로 받아들이는 입양을 뜻합니다. 하나님께서는 아들의 영을 우리 마음 가운데 주셔서 하나님을 아버지라고 부르도록 하시고 아들로 입양시키셨다는 것입니다. 왜 하나님께서는 아들을 이 땅에 보내셔서 우리를 대속의 제물로 삼으셨고 또 성령을 보내셔서 우리를 하나님의 아들로 삼으셨나요. 이는 하나님의 크신 사랑 때문임을 기억해야 합니다.

[금] 주님의 영 (고후 3:17,18) 찬송191(통427)

주(헬,퀴리오스)라는 말은 통치자라는 의미도 있고 존경받는 권위자를 뜻하기도 합니다. 말할 것도 없이 본문의 주는 하나님이신 예수님을 지칭하는 단어입니다. 예수님은 하나님의 본체이십니다(빌 2:6). 구약시대에는 여호와의 영으로 성령님의 역사를 나타냈지만 예수님이 오신 이후로는 예수님의 이름으로 오시는 성령(요14:26)혹은 주님의 영으로 일컬어지고 있습니다. 이 주님의 영이 우리와 함께 계시며 일하고 계십니다. 물론 여호와의 영과 다르게 구분되는 것이 아니라 시대적인 사역이 다르고 임마누엘로 함께하시기 때문입니다.

[토] 진리의 영 (요 14:17) 찬송190(통177)

진리의 영이라는 말은 진리의 성품을 가지신 영이라는 뜻입니다. 성령님의 진실 된 속성을 의미하는 말입니다. 요한복음 8:44에는 거짓된 마귀의 영이 나옵니다. 마귀는 살인한 자요 진리가 그 속에 없으므로 진리에 서지 못한다고 했습니다. 말세인 지금에는 자기의 때가 얼마 남지 않은 것을 아는 마귀 귀신이 거짓말을 밥 먹듯이 하도록 극성을 부리는 때입니다. 심지어 영성이 쇠약해 진 목회자들 중에도 이에 속고 타락하는 일들이 엄청나게 많이 늘어가고 있습니다. 근신하고 깨어 있어야 할 때입니다.

17 • 성령님의 칭호(稱號) (2)

[월] 생명의 성령 (롬 8:2) 찬송183(통172)

생명의 성령의 법이란 예수그리스도께서 십자가에 못 박혀 피 흘려 죽으심으로 인류를 구원하신 구원의 사역을 따라 이를 믿음으로 새롭게 태어나게 하시는 성령의 일 하심을 나타낸 말입니다. 성령께서는 예수님을 믿는 사람들 심령에 내주하심으로 죽어있는 영혼을 살려내시며(요 6:63) 영생의 길을 열어 주시고 그 생명의 길로 인도하십니다. 또한 이 영생의 길에서의 생활이 진정한 삶이 됨을 깨우쳐 주십니다. 이토록 성령 안에서 거듭난 자(요 3:5,6)는 새로운 생명을 얻었기에 기쁘고 감사하여 성령 안에서 기도하며 생명을 유지합니다.

[화] 예언의 성령 (계 19:10) 찬송191(통427)

개역성경에는 예언(헬,프롭헤테이아)을 대언이라고 했습니다. 그렇지만 같은 의미로 보아야 할 것입니다. 예언(대언)의 영이란 예수님에 관계된 것들이 모두 성령에 의해 증거된다는 말입니다. 본문에서 천사가 이런 말을 하는 것은 자신은 성령의 인도하심을 따라 예언의 말씀을 전하는 것뿐이요 자신은 하나님의 종일뿐이라는 것입니다. 요한이 천사에게 절하려는 것을 막기 위해서 한 말입니다. 예나 지금이나 복음이 전파되어 나가는 것과 예언이 이루어지는 것은 전적으로 성령의 계획과 섭리로 되어 집니다(행 2장, 16장).

[수] 보혜사 (요 14:26) 찬송185(통179)

요한복음 14:16에는 예수님께서 또 다른 보혜사를 보내셔서 영원토록 믿는 자들과 함께 하실 것을 말씀하셨습니다. 성령이 여럿이라는 말이 아니라 부활하신 예수님께서 승천하신 후에 예수그리스도의 이름으로 오실 성령을 말하는 것입니다. 보혜사(헬,파라클레토스)는 파라(곁에) 칼레오(부르다)의 합성어로 보호하시며 은혜를 베푸시며 가르치는 분을 뜻합니다. 도와주는 변호사나 대언 자를 뜻합니다. 예수님은 육신으로 오셨기 때문에 우리의 형편과 처지를 너무나 잘 아십니다. 그래서 그의 이름으로 오시는 성령이 우리를 돕고 계십니다.

[목] 성결의 성령 (롬 1:4) 찬송187(통171)

예수그리스도께서는 인성(롬 9:5)과 신성을 가지신 분입니다. 본 절은 예수님의 신성을 강조한 구절입니다. 성결의 영은 거룩하고 정결한 영을 뜻하는 말입니다. 예수님의 영은 원래 죄가 없으신 영으로 죄 있는 육신의 모습으로 오셔서 우리의 죄를 담당하고 죽으셨지만 성결하신 영이기에 그가 살아나실 수 있었던 것입니다. 그 성결의 영을 받은 사람은 죄를 멀리하려고 힘을 쓰고 변화된 생활을 하려고 힘을 씁니다. 성령은 힘이 약해 넘어져도 깨닫고 회개하도록 하시며 다시 거룩한 길을 가도록 채찍질하시고 인도하십니다(히 12:4-8).

[금] 영광의 성령 (벧전 4:14) 찬송197(통178)

예수그리스도의 이름으로 욕을 당하면, 즉 고난을 받으면 복이 있다고 전제하고 성도들이 그리스도를 위하여 수난을 당할 때 불행하게 생각하거나 분노하지 말고 하나님께서 주시는 복 받을 기회라고 생각해야 합니다. 성도들이 당하는 고난은 믿음과 소망을 가지고 경건한 삶을 살아갈 때 오는 경우가 많습니다. 이러한 고난은 이후에 천국에서 영광을 보장받기에 감사해야 합니다. 영광의 영이신 성령께서는 영광 가운데 계시며 고난당하는 우리를 장차 영광 가운데에서 살도록 인도하고 계십니다.

[토] 내주하시는 성령 (롬 8:9-11) 찬송184(통173)

내주하신다는 말은 하나님의 성령께서 우리 속에 함께 하신다는 말입니다. 사람 위에 함께하신다는 말도 되지만 우리의 몸속에 함께하심을 말합니다. 고린도전서 3:16이나 6:19에도 하나님께서 거하시는 성전이라 했습니다. 물론 예수님을 믿는 성도라야 성령이 거하시는 성전이 됩니다. 지식으로만 안다고 해서 예수님의 영이 거하시는 것은 결코 아닙니다. 거듭나는 체험이 있어야 합니다. 예수님 안에서 새로운 사람이 되어야 합니다. 온전히 성령과 함께 살아갈 때 성령의 열매를 맺게 됩니다. 우리 모두 거룩한 성전이 되도록 힘을 씁시다.

18 • 성령님의 칭호(稱號) (3)

[월] 대언의 영 (롬 8:26,27) 찬송342(통395)

마태복음 10:5절 이하에 예수님께서 전도하라고 제자들을 보내시면서 여러 가지 교훈을 주십니다. 그리고 너희를 보내는 내 심정은 양을 이리 가운데 보내 것 같다고 말씀하십니다. 이는 그들이 당할 고난을 생각하신 것입니다. 앞으로 총독들과 임금들 앞에 끌려갈 때 무엇을 말할까 염려하지 말라(19절) 적절히 대답해 주실 분은 너희 속에 계신 아버지의 성령이시라고 격려하십니다. 본문에서는 우리의 연약한 것(범죄의 죄성) 을 붙들어 주시고 빌어야 할 것을 알지 못하나 성령께서 하나님 뜻대로 대신 간구해 주신다고 말씀하십니다.

[화] 은혜의 성령 (히 10:29) 찬송182(통169)

장차 오는 좋은 일의 그림자에 불과한 율법이라도 그것을 어기면 형벌을 받았는데 하나님의 새 언약이요 중보자 되시는 그리스도와 그의 보혈을 모욕하고 거부하는 자들은 더 큰 형벌을 받을 것을 말씀하신 것입니다. 성령님은 하나님의 뜻에 순종하여 택하신 자들의 심령을 변화시키시는 사역을 담당하셨습니다. 예수님 십자가 보혈을 믿는 자들에게 임하시는 성령의 역사를 방해하는 것은 이 세상과 앞으로의 세상에서 결코 사함받지 못합니다(마 12:31,32). 은혜로 역사하시는 성령을 따라 순복해야 합니다.

[수] 지혜와 총명의 영 (사 11:2) 찬송375(통421)

지혜와 총명의 영으로 표현한 이유는 성령께서는 사물의 본성을 파악하실 능력과 분별하는 능력을 가지고 계심을 말합니다. 우리의 주위에서 일어나는 모든 일들이 선한 것인지 악한 것인지 하나님께 속한 것인지 분별하도록 역사하시는 영이 성령이십니다. 이 지혜는 예수그리스도와 그를 믿는 모든 사람에게 필요하기 때문에 지혜의 영이시며 그 지혜를 구하는 사람들에게 후히 주시고 꾸짖지 아니하시는 하나님께 구해야 합니다(약 1:5). 이토록 우리는 성령을 받아 살아가야 만 하나님의 규범 속에서 살아갈 수 있습니다.

[목] 모략과 재능의 영 (사 11:2) 찬송379(통429)

모략과 재능의 영으로 말씀하신 것은 성령님은 올바른 판단을 내리실 수 있는 능력의 영으로 모든 일을 수행하실 수 있는 능력자이심을 말하는 것입니다. 인간은 편협된 지식과 판단으로 올바른 결정을 내릴 수 없을 때가 많습니다. 결국은 하나님을 욕되게 할 때가 많습니다. 이 세상의 통치자들은 온전하지 못하여 잘못을 범할 때가 많지만 하나님의 성령은 영원한 나라를 다스리실 충분한 능력을 가지고 계심을 의미하기도 합니다. 그러나 이스라엘인들은 예수님의 육신적인 정치적 메시야의 통치 능력만을 고대했던 것입니다.

[금] 지식과 여호와를 경외하는 영 (사 11:2) 찬송212(통347)

지식과 여호와를 경외하는 영이란 말씀은 여호와를 아는 지식과 경건이 조화를 이루어 하나님의 뜻을 분별하고 완성하여 가는 능력으로 메시야의 순수한 열정을 나타내는 말입니다. 위에 열거한 성령의 능력들은 예수그리스도의 메시야 직을 수행함에 필요한 것이며 이에 합당한 그리스도께서 인간의 모습으로 이 땅에 오실 것을 예언한 것입니다. 또한 이 메시야 적 사명을 위해 위와 같은 성령의 능력이 그 위에 임하셔서 아버지의 일을 온전하게 이루어 나가도록 역사하실 것을 예언한 것이며 이것이 예수님을 통하여 이루어진 것입니다.

[토] 살아계신 성령 (고후 3:3) 찬송204(통379)

고린도 교인들을 그리스도의 편지라고 비유한 이 말씀은 사도 바울이 전도하여 그들이 예수님을 영접하고 그리스도인 답게 살아가고 있는 모습을 보고 칭찬한 말입니다. 악한 사람이 쓴 것은 악한 것이 가득하겠지만 예수그리스도께서 쓰셨으니 선한 것이 가득한 편지입니다. 사람을 편지에 비유한 말씀입니다. 예수님을 믿고 변화된 사람은 이토록 행실에서 선한 것이 보여지는 믿음을 가져야 그리스도께서 쓰신 편지요 하나님께서 기뻐하시는 사람이요 살아계신 성령을 마음속에 받은 사람이라 할 수 있습니다.

19 • 성령님의 칭호(稱號) (4)

[월] 비둘기 같은 성령 (마 3:16,17) 찬송187(통171)

성령이 비둘기 형체로 예수님 머리위에 임하신 것은 눅 3:22에도 기록하고 있습니다. 세례요한은 그에게 계시된 대로(요 1:33) 세례 받으신 예수님 위에 성령이 비둘기 형체로 나타난 것을 보았습니다. 그래서 요한복음 1:32에 내가 보매 성령이 비둘기같이 하늘로부터 내려와서 그의 위에 머물렀다고 세례 요한은 증언했습니다. 이사야서 11:2에 예언 하였듯이 구세주 메시야로 오실 분에게 임하실 성령이 그대로 이루어진 것입니다. 비둘기는 평화와 순결을 상징합니다. 평화의 왕 되시는 예수님을 나타내고 있는 것입니다.

[화] 생수 같은 성령 (요 7:38,39) 찬송183(통172)

배에서 생수의 강이 흘러넘치리라 하신 말씀에 이어서 이는 성령이라고 해석을 하여 생수의 강은 성령 충만함을 의미하고 있는 것입니다. 요한복음 14:16 이하에 예수님은 보혜사 성령을 믿는 사람들에게 부어 주시도록 구하실 것을 말씀하셨습니다. 생수는 썩은 물이 아니라 신선하고 새로운 물입니다. 또한 시원한 물로써 답답한 심령을 가진 사람들을 시원하게 만들어 줄 물, 즉 목마른 사람들을 해갈시켜 줄 물을 말하며 성령 충만히 받은 사람은 기쁨과 감사가 넘치고 생명 있는 생활을 하게 될 것을 말합니다.

[수] 불같은 성령 (행 2:3) 찬송184(통173)

오순절 날 마가의 다락방에 120명의 성도들이 모여서 간절히 기도하고 있을 때 바람 같은 소리가 나더니 각 사람 위에 불이 혀같이 갈라지는 모습처럼 불의 형체가 각 사람 머리 위에 임하는 것을 보게 됩니다. 성령의 임재를 보게 된 것입니다. 이스라엘 백성들이 시내산에 서 하나님이 강림하실 때 불 가운데 임하신 것을 떠 올리게 합니다(출 19:18, 24:17). 불의 혀(tongues of fire)는 맹렬히 타오르는 것을 묘사한 것이지만 바벨탑 사건 때 달라진 언어가 회복될 것을 의미하는 방언이 터졌고 뜨겁게 충성, 봉사하게 될 것을 말합니다.

[목] 바람 같은 성령 (행 2:2) 찬송182(통169)

바람 같은 소리가 하늘로부터 난 것은 성령이 어디에서 비롯되었는가를 말해 줍니다. 성령은 하나님으로부터 하늘에서 보내진 것입니다. 구약에서 급하고 강한 바람 소리는 종종 하나님의 임재하심을 나타내는 현상의 하나입니다. 시 104:4에는 바람으로 자기 사자로 삼으신다고 표현하였고 왕상 19:11에는 하나님께서 지나가실 때 엄청난 바람 소리가 동반된 것을 표현하고 있습니다. 요한복음 3:8에는 바람이 임의로 불매... 성령으로 난 사람은 이와 같다고 하십니다. 곡식이 바람으로 촉매 되고 열매 맺듯이 성령 받은 사람은 변화됩니다.

[금] 기름 같은 성령 (히 1:9) 찬송187(통171)

구약시대의 기름 붓는 예식의 대상은 제사장과 선지자와 왕이 있습니다. 이는 일반인들과 성별 된 사람으로 세우기 위한 의식이었습니다. 이 의식은 하나님께서 친히 구별하여 세우시고 권능 입혀주심을 의미합니다. 동류, 즉 하나님의 뜻을 전달하며 계시하는 천사들과 달리 뛰어나신 예수님은 근본 하나님이시기 때문이요(빌 2:6), 하나님의 신분으로 이 땅에 오심으로 온유와 겸손을 보여 주셨습니다. 기름은 특성상 부드럽게 만들어 준다는 의미로 생각할 때 그의 영 성령 받은 사람은 이토록 겸손하고 화목하게 만듭니다.(마 5:9)

[토] 도장 같은 성령 (고후 1:22) 찬송185(통179)

도장은 소유권을 표시할 때 찍는 다거나 물건의 품질이 틀림없다고 인정할 때 찍기도 합니다. 성령은 예수님을 믿는 사람들에게 임하십니다. 본문에 인(도장) 치시고 보증으로 우리 마음에 성령을 주신다고 하셨습니다. 딤후 2:19에는 인침이 있어... 주께서 자기 백성을 아신다. 라고 기록하고 있습니다. 인침(헬,스프라기조)은 철회하지 못할 확증을 의미합니다. 성령님께서 친히 우리의 영과 더불어 우리가 하나님의 자녀인 것을 증거 하시기 때문인 것입니다. 그래서 성령의 인침은 영원히 변치 않는 보증인 것입니다.

20 • 성령님께서 하시는 일 (1)

[월] 예수님을 구세주로 부르게 하신다 (고전 12:3) 찬송391(통446)

신령한 하나님의 영을 받은 사람은 신령한 것을 행할 수 있다는 것을 제시해 주고 있습니다. 성령의 은사들을 본 장에서 나열해 주고 있습니다. 그 모든 은사의 본질은 예수그리스도께서 구세주 되심을 믿고 시인하는 것에서 비롯됩니다. 예수님이 이 세상에 계실 때 유대인들이 예수님을 모독하고 저주하며 십자가에 못 박아 죽인 것은 성령이 그들 속에 계시지 않았기 때문입니다. 성령 받지 못한 사람은 나를 구원하실 구세주라고 시인하지 못하며 받은 사람만이 진심으로 믿고 시인할 수 있습니다.

[화] 죄인을 거듭나게 하신다 (요 3:3-7) 찬송380(통424)

하나님 나라에 들어갈 수 있는 사람은 중생(거듭남)한 사람입니다. 구원의 가장 핵심적인 요소입니다. 거듭나려면 과거의 사람이 죽어야 합니다. 살아 있는데 거듭난다고 할 수 없습니다. 구약성경에서 보면 제사장이 성막에서 제사를 드릴 때 물두멍에서 몸을 씻지 않고는 성소에 들어갈 수 없듯이 우리도 죄를 회개하지 않고는 하늘나라에 들어갈 수 없습니다. 진정으로 회개할 때 거듭나게 되는 것입니다. 과거에 하나님을 불신하던 것과 죄 가운데서 살았던 모든 것과 싸워야 합니다. 그래서 세례 요한은 회개를 외친 것입니다(마 3:2).

[수] 새 생명을 주신다 (요 6:63) 찬송183(통172)

우리는 흔히 "영적이다 육적이다."라는 말을 쓰는데 영적인 삶은 예수님을 믿고 거듭나서 그의 말씀 안에서 살아가는 것을 말함이요 육적인 삶은 하나님을 알지도 못하고 내 욕심대로 살고 하나님을 찾지 않는 삶을 말합니다. 더 나아가서 구원하시기 위해 이 땅에 오신 예수님을 부정하고 외면하는 것을 말합니다. 지금도 하나님은 예수그리스도의 이름으로 성령을 보내셔서 예수님을 믿는 모든 사람들에게 부어 부셔서 새 생명을 주십니다. 이 성령을 거역하면 영원히 구원을 받지 못합니다(마 12:32)

[목] 성도를 가르치신다 (요 14:26) 찬송187(통171)

예수님께서 제자들에게 하신 말씀인데 예수님께서 육신으로 이 땅의 제한된 공간에서 성도들을 인도하시는 것 보다 그의 이름으로 성령을 보내셔서 모든 인류에게 편만하게 역사하셔서 인도하시는 것이 모든 사람에게 임마누엘로 함께 하실 수 있다는 것을 가르치신 것입니다. 요14:16절의 다른 보혜사는 성령이 다르다는 것이 아니라 예수님 부활 승천하신 후에 예수 그리스도의 이름으로 나타나는 성령을 의미하는 것입니다. 예수님께서 아버지로부터 받아 보내시는 것이요(행 2:33) 아버지께로부터 오십니다.(요15:26)

[금] 성도를 인도하신다 (갈 5:18) 찬송379(통429)

로마서 8:14절에 하나님의 영으로 인도함을 받는 그들은 곧 하나님의 아들이라고 말씀합니다. 이렇듯 성령께서는 예수님을 믿어서 구원받은 성도들을 인도하십니다. 본문에 성령으로 인도함을 받는 성도들은 율법 아래 있지 않게 된다고 말씀합니다. 율법은 인간의 죄를 지적하고 결국 사망으로 인도할 수밖에 없지만 성도들은 생명으로 인도하시는 성령의 인도하심을 받게 됩니다. 그래서 히브리서 기자는 히 1:14절에 모든 천사들은 섬기는 영으로서 구원받을 상속자들을 위하여 섬기라고 보내신 것이 아니냐고 말합니다.

[토] 성도를 도우신다 (롬 8:26) 찬송375(통421)

성령님께서 우리와 함께하시는 이유는 나약한 성도들을 도우셔서 구원에 이르도록 역사하심이 궁극적 목적입니다. 우리의 연약함이란 육신적 연약함만이 아니라 근본적으로 타락한 본성인 죄의 성향이 있어서 넘어지는 것을 말하며 이러한 죄의 영향 때문에 도움을 요청하는 사람들을 위해 역사하십니다. 사도 바울은 로마서 7:15절 이하에 내 지체 속에서 한 다른 법이 내 마음의 법과 싸워 내 지체 속에 있는 죄의 법으로 나를 사로잡는 것을 본다고 고백합니다. 이 사망의 몸에서 우리를 돕고 구원에 이르게 하시는 분은 오직 성령님이십니다.

21 • 성령님께서 하시는 일 (2)

[월] 성도들 안에 계신다 (롬 8:9) 찬송436(통493)

하나님께서는 자기 백성을 성전으로 삼으셔서 그 안에 계십니다(고전 3:16,6:19). 본문에서도 같은 의미로 언급하고 있습니다. 구약시대에도 특별한 사람들 속에 함께 하셨습니다(시 51:11). 그러나 항구적인 내주하심이 아니라 일시적인 내주하심이었습니다. 예수님 부활 승천 후 오순절 성령 강림 후에는 성도들 속에 영원토록 함께 하십니다(요 14:16). 그리고 성도들이 잘못되어지는 것을 깨닫게 하십니다. 그리스도의 영이 없는 사람은 그리스도의 사람이 아닙니다. 성령님의 인도하심을 받지 못하기 때문입니다(요 14:26).

[화] 세상을 책망하신다 (요 16:7-11) 찬송311(통185)

요 16:4절 이하에 성령님께서 하시는 일을 제시하고 있는데 예수님을 죽인 자들이 의를 이룬다는 명분으로 메시야를 죽이는 자들에게(10절) 예수님 자신의 죽음과 부활을 통해서만 진정한 의를 이루시며 그래서 예수그리스도를 배척하는 것이 큰 죄이며 사망 권세 잡은 사단이 최후의 심판을 받았음을 책망하고 깨닫게 하실 것을 말씀하시며 잘못 믿는 자들을 일깨우시는 주님의 예언적인 모습을 볼 수 있습니다. 이토록 성령님은 믿음이 있는 성도이건 불신자이건 간에 잘못된 것을 책망하십니다.

[수] 사역자를 세우신다 (행 13:2-3) 찬송320(통350)

섬긴다는 말은 구약에서 제사장들이 성막 안에서 맡은 일을 할 때에 자주 사용하는 말이기도 합니다(출 28:35). 신약에는 교회에서 공적인 예배를 드리는 행위로 표현되었습니다. 그래서 영어로는 'service'를 예배라는 단어로 사용되기도 합니다. 본문에 안디옥 교회가 금식을 하면서 기도할 때 성령님께서 여러 사람 중에 바나바와 사울을 사역자로 안수하여 보내도록 하십니다. 복음 전도의 사명을 위해서 세워 주신 것입니다. 성령의 인도하심 없이 인간 판단으로 사명이나 소명이 없는 사람을 사역자로 세우는 오류는 없어야 합니다.

[목] 성도를 인 치시고 기도하신다 (엡 1:13) 찬송406(통464)

로마서 8:26절 이하에는 성령님께서 성도를 보호하셔서 온전히 구원에 이르도록 역사하심이 기록되어 있습니다. 죄의 성향을 가지고 있는 성도들을 붙잡아 주시고 진리 가운데로 인도하시며(요 16:13) 마땅히 기도해야 할 것을 알지 못하는 성도들을 위해 하나님의 뜻대로 기도해 주십니다. 하나님의 영 외에는 하나님의 뜻이 무엇인지 알지 못하기에 합당이 간구하실 수 있는 것입니다. 이토록 도우심을 받을 수 있는 사람은 예수그리스도의 이름으로 인 치심을 받은 사람으로 국한되는 것입니다.

[금] 우리가 하나님의 자녀임을 증거 하신다 (롬 8:16) 찬송380(통424)

종교 개혁자 말틴 루터는 누구든지 사람들을 영적인 무지로부터 벗어나게 하시는 성령님의 역사 없이는 자신이 하나님의 자녀임을 믿을 수 없으며 또 스스로 믿어지지도 않는다고 말했습니다. 오직 성령님께서 우리에게 믿음을 주셔서 하나님을 아버지라고 부를 수 있는 것이지(롬 8:15) 성령님의 개입 없이는 하나님을 모른다는 것입니다. 그래서 하나님을 아버지라고 부를 수 있는 것은 성도들의 특권이요 특징입니다. 이토록 자신이 하나님의 자녀됨을 확신하는 사람만이 진정한 기도와 찬양과 헌신을 할 수 있습니다.

[토] 성도의 몸을 부활시키신다 (롬 8:11) 찬송180(통168)

성도들은 죽어도 생명의 부활을 얻게 될 것을 고전 15:50~58에 약속하고 있는데 누가 그 부활의 생명을 줄 것인가는 나타나지 않았지만 본문에는 예수를 죽은 자 가운데서 살리신이라고 말씀합니다. 그분은 곧 하나님이요 그분의 영은 성령님입니다. 구원받은 성도들 심령 속에 내주하시는 성령님(고후 1:22)은 장래 우리에게 있을 부활의 최종적인 보증이 되십니다. 우리 안에 내주하시는 성령으로 말미암아 너희 죽을 몸도 살리신다는 것입니다. 성령님은 우리를 부활시키시고 영원토록 함께하십니다.

22 • 성령 받은 사람의 표징(表徵) (1)

[월] 사랑하게 됩니다 (갈 5:22,23) 찬송304(통404)

초대교회의 성령 받은 성도들은 타인을 배려하는 사랑이 가득 했습니다. 본문의 사랑(헬, 아가페)은 하나님의 사랑으로 이성간의 사랑(에로스)이나 동족간의 사랑(스톨게), 그리고 우정(필리아)과는 차원이 다릅니다. 예수그리스도처럼 희생적이고 무조건적인 사랑입니다. 성령의 열매 아홉 가지 중에 제일 먼저 나오는 덕목인데 나머지 덕목도 이 사랑을 바탕으로 열매 맺습니다. 행 2:44-47절이나 4:34,35절에 보면 성령 받은 성도들이 자기의 소유를 팔아 어려운 이웃에게 나누어 주는 모습을 봅니다. 사랑은 주는 것으로 가치가 있습니다.

[화] 기쁨으로 살게 됩니다 (갈 5:22, 23) 찬송191(통427)

활기차게 삶을 살아가는 사람은 기쁜 마음을 가진 사람입니다. 희락(헬, 카라)은 행복한 기쁨을 의미합니다. 사랑이신 하나님을 전적으로 의지하고 살아갈 때 가지게 됩니다. 빌 4:4절에 주 안에서 항상 기뻐하라 했습니다. 살전 5:16절에서도 바울은 항상 기뻐하라고 말합니다. 바울은 빌립보 성도들에게 어떠한 고난이 와도 기뻐하라고 명령하면서 빌립보 감옥에 갇혀 있을 때 그는 기뻐하며 찬송함으로 본을 보이니 감옥 문이 열리는 기적을 체험합니다(행 16:19-31). 오직 성령 안에 있는 의와 평강과 희락을 누리시기 바랍니다(롬 14:17).

[수] 화평하게 만듭니다 (갈 5:22,23) 찬송185(통179)

화평케 하는 자는 복이 있나니 그들이 하나님의 아들이라 일컬음을 받을 것임이라(마 5:9)하셨습니다. 세상에 속한 모든 단체들 곧 사람이 모이는 곳은 꼭 분쟁을 일으키는 사람이 있습니다. 우리 스스로 성찰 할 필요가 있습니다. 쓸데없는 분쟁은 교만에서 나오고 악행입니다. 선과 악을 분별하여 항상 선에 속하고 화평하도록 힘을 써야 합니다. 히 12:14절에 모든 사람으로 더불어 화평함과 거룩함을 좇으라 이것이 없으면 아무도 주를 보지 못 하리라 했습니다. 화평함을 심어 의의 열매를 거두기 바랍니다(약 3:17,18).

[목] 오래 참는 사람이 됩니다 (갈 5:22, 23) 찬송197(통178)

오래 참는다는 말은 긴(헬, 마크로스)마음(헬, 뒤모스)의 합성어입니다. 나의 감정을 상하게 하는 사람이 있을 때 분을 내지 않고 견디어 내는 속성을 말 합니다. 이것도 사랑이 없으면 안 됩니다(고전 13:7). 우리 하나님은 사랑이시요(요일 4:8)길이 참으시는 하나님이십니다(롬 3:25). 우리도 어려울 때나 고난이 올 때 길이 참도록 힘을 써야 합니다. 예수님의 육신의 동생은 이렇게 권면합니다. "너희는 길이 참고 마음을 굳게 하라 주의 강림이 가까우니라(약 5:8)" 선지자들의 고난과 오래 참음을 본받아야 합니다(약 5:10).

[금] 자비한 사람이 됩니다 (갈 5:22, 23) 찬송395(통450)

자비는 타인을 대하여 인자하고 관대한 태도를 보이는 것을 말 합니다. 롬 3:12절에는 이 자비를 선한 것으로 표현하기도 했는데 예수님께서 말씀하신 마 12:7절에 보면 나는 자비를 원하고 제사를 원하지 않는다고 하셨습니다. 이는 안식일에 밀 밭 사이로 지나가실 때 배가 고팠던 제자들이 이삭을 잘라 먹으니 자기 의에 강한 바리새인들이 안식일을 범했다고 정죄합니다. 이에 안식일의 주인 되시는 예수님께서 나는 자비를 원하지 형식과 율법에 치우친 제사를 원하지 않는다고 말씀하십니다. 자비가 없으면 남을 정죄하기를 잘 합니다.

[토] 양선으로 살게 됩니다(갈 5:22,23) 찬송184(통173)

양선은 자비보다 적극적으로 이웃 사람에게 선을 행하고 사랑을 나타내는 행동을 말 합니다.착한 행동이나 덕을 끼치는 행동을 적극적으로 실천하는 사람을 말 합니다. 사도 바울은 로마교회에 편지하기를 내 형제들아 너희가 스스로 선함이 가득하고 모든 지식이 차서 능히 서로 권하는 자임을 나도 확신하노라 했습니다(롬 15:14). 선함이 가득하다는 말은 성령으로 말미암아 사랑하는 마음이 넘쳐서 성숙한 신앙을 적극적으로 실행한다는 의미를 지닙니다. 또 바울은 엡 5:9절에 빛의 열매는 모든 착함과 의로움과 진실함에 있다고 했습니다. 정직하고 성실함의 열매를 맺게 됩니다.

23 • 성령 받은 사람의 표징(表徵) (2)

[월] 충성하는 사람이 됩니다 (갈 5:22, 23) 찬송183(통172)

충성(피스티스)이란 우리가 믿는 구원의 주 예수그리스도에 대한 신실한 믿음을 뜻 합니다. 아울러 이웃과의 관계에서도 신실함을 의미 합니다. 타인을 사랑으로 배려하고 진실하게 대하는 생활 태도를 의미 합니다. 거짓이나 속이는 일이 없어야 합니다. 주님의 말씀에 충실하고 신실하게 살고자 하는 사람입니다. 이런 사람이 하나님 앞에 충성된 사람입니다. 사람들에게 이러한 신실한 믿음을 보일 때 그리스도의 신실하심과 사랑을 나타내는 것입니다. 맡은 자의 구할 것은 충성이라 했고(고전 4:2)오직 믿음으로 선한 충성을 해야 합니다(딛 2:10).

[화] 온유한 사람이 됩니다 (갈 5:22, 23) 찬송187(통171)

온유(프라오테스)는 온순함, 겸손함을 뜻합니다. 엡 4:2에 모든 겸손과 온유로 하고 오래 참음으로 사랑 가운데서 서로 용납하라고 했습니다. 용납한다는 말은 상대방의 허물이나 실수를 너그러운 마음, 즉 가슴으로 품으라는 뜻인데 이것도 사랑이 없으면 할 수 없습니다.3절에는 평안의 매는 줄로 성령이 하나 되게 하신 것을 힘써 지키라 했습니다. 진정으로 하나 되는 방법은 오직 성령 안에서만 가능하고 성령께서 원하시는 열매를 드리기 위해서는 다른 사람의 허물을 보기 보다는 나의 허물이 크다는 것을 생각하고 온유, 겸손해야 합니다.

[수] 절제하는 사람이 됩니다 (갈 5:22, 23) 찬송190(통177)

절제(헹크라테이아)는 자기 통제를 말합니다. 모든 일에 자제하는 것을 뜻합니다. 특별히 욕심에 대하여는 엄격해야 합니다. 욕심이 잉태한즉 죄를 낳고 죄가 장성한즉 사망을 낳기 때문입니다(약 1:15). 사망은 죄로부터 나오고 죄는 욕심으로부터 나옵니다. 그래서 죽음의 근본 원인이 되는 욕심을 항상 절제해야 합니다. 자기 통제가 되지 않을 경우에는 성령의 도우심을 위해 기도해야 합니다. 그래서 성도로서의 삶의 균형을 유지해야 합니다. 이기기를 다투는 자마다 모든 일에 절제하나니... 우리는 썩지 아니할 것을 얻고자 하노라(고전 9:25-27).

[목] 전도하는 사람이 됩니다 (행 4:31) 찬송505(通268)

지금까지는 성령의 열매가 믿는 사람의 특징으로 소개 되었는데 그 외에도 많이 있지만 몇 가지만 찾아봅니다. 사도들의 행적을 기록한 사도행전을 성령행전이라고도 말합니다. 성령께서 계획하시고 인도하셨기 때문입니다. 성령을 받으면 무엇보다도 하나님의 사랑이 우리 마음에 부어집니다(롬 5:5). 그래서 천하보다 귀한 사람의 생명을 사랑하게 되고 구원시키기 위한 간절함 때문에 말씀을 전하게 되는 것입니다. 예수님을 믿지 않는 사람을 보면 불쌍한 마음이 들고 사랑하는 마음이 들어 전도하게 되는 것입니다.

[금] 은사를 나타냅니다 (고전 12:4-11) 찬송453(通506)

은사(카리스마)는 값없이 주는 성령의 선물을 말하는데 각 사람에게서 나타나는 다양한 은사는 개인이나 교회의 유익을 위한 것입니다. 본문에 9가지 은사가 나오는데 특히 믿음(피스티스)은 값없이 성도에게 주어지는 은혜(카리스)로 구원의 믿음을 말하지만(엡 2:8, 9)여기에서는 능력과 이적을 나타내는 은사를 말합니다. 또한 예언은 자기 마음에서 나오는 거짓예언을 조심해야 합니다. 오직 성령의 감동으로 받아 말해야 하며 (벧후 1:21) 예언도 방언도 고전 14:1-12에 제시한 대로 해야 되고 교회의 덕을 세워야 합니다.

[土] 성령을 위하여 심는 자가 됩시다 (갈 6:8) 찬송490(通542)

심는다(스페이로)는 말은 씨를 뿌린다는 뜻입니다. 갈 5:16에 성령을 따라 행하라 그리하면 육체의 욕심을 이루지 아니하리라 했습니다. 육체를 위하여 씨를 뿌리는 사람은 썩어질 것을 거두게 되고 성령을 위하여 씨를 뿌리는 사람은 영생을 얻게 될 것을 말씀합니다. 즉 성령을 좇아 살아가는 사람은 질적으로 가치 있는 삶을 살아가는 것을 말하는데 궁극적으로 영원한 하늘나라에서 영생을 누리게 될 것을 말합니다. 반드시 적게 심는 자는 적게 거두고 많이 심는 자는 많이 거둔다는 말씀은 모든 것에 적용되는 말씀이기도 합니다(고후 9:6).

24 • 성령 받은 사람의 표징(表徵) (3)

[월] 성전에 모이기를 힘씁니다 (행 2:46) 찬송287(통205)

초대교회 때의 성도들은 성령을 받고 사랑이 넘쳤습니다. 이들은 성전에 모이기를 힘썼다고 했습니다. 교회는 구원받은 사람들의 모임입니다. 구원받은 사람들은 타인을 내 몸같이 사랑하게 되니 만나면 기쁘고 즐겁습니다. 말씀도 듣고 서로 교분도 나누게 되니 형제처럼 대하고 열심히 예배 처에 모이게 됩니다. 주님의 재림이 가까울수록 우리는 모이기를 힘써야 하는데 모이기를 게을리 하는 현상이 되고 있습니다. 히 10:25에 모이기를 폐하는 어떤 사람들의 습관과 같이 하지 말고 오직 권하여 그날이 가까움을 볼수록 더욱 그리하자

[화] 고통 중에도 하나님을 찬양합니다 (행 16:16-32) 찬송288(통204)

복음을 열심히 전하는 사도 바울에게 마귀는 계속 그를 괴롭힙니다. 그가 환상을 보고 빌립보로 건너가 말씀을 전할 때 점치는 귀신 들린 여인을 만나 귀신을 쫓아내었더니 고소를 당해 매를 맞고 감옥에 갇힙니다. 한 밤중에 실라와 함께 하나님을 찬양 합니다. 그때 지진이 나며 옥문이 열리는 기적을 맛보게 됩니다. 간수에게 복음을 전하는 기회도 됩니다. 이토록 죽음을 두려워하지 않고 주님을 변함없이 찬양하면 주님께서 도우십니다. 믿음의 선배들은 조롱, 채찍, 궁핍, 환란, 학대를 당해도 주님을 배신하지 않았습니다(히 11:32-38)

[수] 심령의 눈이 밝아집니다 (엡 1:18, 19) 찬송305(통405)

눅 4:18에 주의 성령이 내게 임하셨으니 이는 가난한 자에게 복음을 전하게 하시려고 내게 기름을 부으시고 나를 보내사 포로 된 자에게 자유를, 눈 먼 자에게 다시 보게 함을 전파하며 눌린 자를 자유케 하려 함이라고 예수님은 말씀하십니다. 사람은 육신의 눈과 심령의 눈이 있는데 성령에 의해 심령의 눈이 밝아져야 천국을 볼 수 있습니다.

육신의 눈만 뜬 사람은 세상의 물질만 보게 되고 그것만 의지합니다. 바울은 영의 눈이 밝아지는 경험을 했습니다(행 9:18). 육신의 맹인들이 맹인이 아니라 마음이 완고한 자들이 맹인입니다(요 12:40).

[목] 배에서 생수의 강이 넘칩니다 (요 7:38) 찬송182(통169)

요 4:14에 예수님께서 수가성 우물가에서 만난 여인에게 내가 주는 물을 먹는 자는 영원히 목마르지 아니 할 것을 말씀하셨습니다. 세상의 재물이나 지식이나 명예나 권세는 영적인 갈증을 만족시키지 못합니다. 그러나 예수님을 믿고 성령을 선물로 받은 사람은(요 4:10) 계속 성령의충만을 구하여 진리의 영(요 14:17)이 우리 속에 항상 임마누엘(하나님이 우리와 함께 계심)로 계시도록 해야 합니다. 그 배에서 생수의 강이 흘러나리라는 뜻은 우리들이 전인격적으로 성령 충만을 받아서 심령이 만족하게 될 것을 말합니다.

[금] 주 안에서 하나가 됩니다 (엡 4:1–6) 찬송395(통450)

성령으로 거듭난 사람과 거듭나지 못한 사람의 다툼을 우리는 흔히 볼 수 있습니다. 세상적인 사소한 다툼이 아니고 영적인 것과 연결된 문제에서 견해의 차이가 있을 수밖에 없습니다. 율법에만 몰입했던 바리새인들과 서기관들이 사도 바울을 대적했던 것을 보아 알 수 있습니다. 그래서 교회에서도 믿음과 견해의 차이로 하나 된다는 것은 참으로 어렵습니다. 성령으로 거듭난 사람은 믿음이 적은 사람을 실족시키지 않도록 조심하고 이단을 배제한 교단간의 문제나 거듭난 형제들은 성령 안에서 하나 되도록 힘써야 합니다(고전 1:10).

[토] 아빠 아버지라 부르짖게 됩니다 (롬 8:14–17) 찬송424(통216)

아빠 아버지는 아람어와 헬라어의 복합어입니다. 아빠는 아버지라는 아람어이고 아버지(파테르)는 헬라어입니다. 이중적으로 쓴 이유는 아버지 하나님께 대한 애정과 열정을 강하게 나타낸 것으로 보는 것입니다. 막 14:36에 예수님도 아빠 아버지여 라고 부르시며 기도하신 것을 볼 수 있습니다. 부르짖는다는 의미는 감정이 고조되어 큰소리로 외치는 것을 말하는데 하나님의 양자 된 기쁨이 너무 커서 큰 소리로 하나님을 자신의 아버지로 부르는 것을 의미합니다. 하나님께 대한 무한한 신뢰와 사랑의 표현인 것입니다.

25 • 성령 받은 사람의 표징(表徵) (4)

[월] 두려움이 없어진다 (요일 4:13-18) 찬송391(통446)

로마서 8:15에 너희는 다시 무서워하는 종의 영을 받지 아니 하였고 양자의 영을 받았으므로 아빠 아버지라 부르짖는다고 했습니다. 우리는 과거에 사탄(마귀)의 영이 이끄는 대로 살았습니다. 그래서 죽음의 권세 잡은 사탄으로 인해 죽음에 대한 공포심을 가지고 살았던 것입니다. 그러나 이제는 하나님으로부터 성령을 받아 하나님을 아버지라 부르고 절대자 이신 그 분에게 속하여 죽음에 대해 자유 함을 누리고 있어 두려운 마음이 없어진 것입니다. 두려움에는 형벌이 있지만 예수님 사랑 안에서 의롭다 함을 얻어서 담대하게 된 것입니다.

[화] 소유욕이 없어진다 (행 2:44-45) 찬송314(통511)

초대 교회 성도들이 성령을 받고 변화된 것은 사랑하는 마음을 갖게 된 것입니다. 자기의 소유를 팔아 어려운 사람들을 나누어 주는 일이 벌어집니다. 욕심을 부리는 소유욕을 버리게 된 것입니다. 어느 누구든지 돈이나 금은보석을 소유하고 싶은 욕심은 있는 것입니다. 그러나 성령을 받은 후에는 세상적인 것에 연연하지 않습니다. 분토 같이 여기게 됩니다. 하나님께서 주시는 대로 만족하고 감사하며 삽니다(딤전 6:6-8). 또한 없는 사람에 대한 이해와 동정심으로 사랑을 실천하는 사람이 됩니다.

[수] 성령 안에서 기도하게 된다 (엡 6:18) 찬송365(통484)

성령 받은 사람은 성령님의 도우심을 받게 됩니다. 성도는 성령님의 도우심 없이 아무것도 주님의 뜻을 이룰 수 없습니다. 본문은 기도를 하여도 성령 안에서 하라고 권합니다. 성령님의 인도하심과 능력을 받아 기도하라는 것입니다. 왜냐하면 성도의 기도는 하나님의 뜻을 온전히 따를 수 없고 하나님의 뜻을 아시는 분은 오직 성령님이기 때문입니다(고전 2:11). 그래서 항상(어느 때든지) 성령 충만함으로 기도하는 것이 필요합니다. 성령 충만함으로 기도한 초대교회 성도들을 기억해야 합니다(행 2:42).

[목] 성령 안에서 찬송하게 된다 (행 2:47) 찬송288(統204)

사도행전 16:25, 26에 보면 마귀의 핍박을 받은 바울과 실라가 감옥에 갇혔을 때 기도를 하고 찬송을 하니 감옥 터가 움직이고 문이 열립니다. 또 그들을 묶은 것이 모두 풀어집니다. 그 때의 기도와 찬송은 간절하고 진실했던 것입니다. 하나님을 감동시켰던 것입니다. 영혼의 깊은 곳에서 우러나오는 이러한 기도와 찬송은 이토록 힘이 있습니다. 이러한 기도와 찬송도 성령 충만할 때 나오게 됩니다. 아무리 아름다운 목소리를 가졌어도 성령 안에서 하지 않으면 사람들을 구원으로 이끌 수 없습니다.

[금] 말씀을 전하게 된다 (행 4:31) 찬송518(統252)

성령을 받게 되면 하나님의 말씀이 점점 왕성하게 되는데(행 6:7) 베뢰아 교회 성도들은 날마다 성경을 상고하고 연구했습니다(행 17:11). 바울과 바나바는 말씀을 열심히 가르쳤고 전파했습니다(행 15:35). 온 성에 사는 사람들은 말씀을 듣고자 모이기도 했습니다(행 13:44).

성령 받은 사람들은 말씀을 사모하게 되고 성령에 감동됨으로 전하지 않고는 배기질 못 했습니다. 말씀은 곧 예수님의 현현이요 능력이요 모든 인생길의 지침이요 궁극적으로 구원의 능력이 되기 때문에 온 세상에 전파할 책임이 우리에게 있습니다.

[토] 아름다운 열매를 맺게 된다 (갈 5:22, 23) 찬송330(統370)

성령 받은 초대교회 성도들은 아름다운 행실로 온 백성에게 칭송을 받았습니다(행 2:47). 성령의 열매는 영적인 열매이자 아름다운 생활의 열매를 말합니다. 사랑이 있는 생활, 화평하게 하는 생활, 기쁨이 넘치는 생활, 어려움과 곤경에 오래 참는 생활, 착한 행실의 생활, 적극적인 선한 생활, 항상 하나님께 순종하는 생활, 이웃을 대하여 친절한 생활, 어떤 일이든지 절제하는 생활, 등등 성도들이 마땅히 가져야 할 생활의 열매를 보여야 합니다. 성령 충만함으로 나는 죽고 오직 성령으로 살아갈 때 가능합니다.

26 • 무엇이 죄인가

[월] 하나님을 믿지 않는 것 (요 16:9) 찬송287(통205)

모든 인류의 죄를 속죄하여 주시려고 여호와 하나님은 그의 아들 예수그리스도를 이 땅에 보내 주셔서 우리의 죄를 담당케 하시고 십자가에 못 박혀 죽게 하심으로 이를 믿는 사람은 누구든지 죄에서 해방되어 구원을 받게 하셨습니다. 이를 부정하고 믿지 않는 사람은 이미 심판 받은 그대로 지옥을 가게 됩니다. 복된 이 소식을 듣고도 안 믿는 사람은 죄인으로 남을 수밖에 없습니다. 영생은 곧 유일하신 참 하나님과 그가 보내신 자 예수그리스도를 아는 것이라 했습니다(요 17:3). 하나님의 형상을 닮게 지음 받은 사람은 믿음을 가져야 합니다.

[화] 선한 일을 알면서 행치 않는 것 (약 4:17) 찬송463(통518)

예수님의 육신의 동생이 되는 야고보는 예수님이 구세주이심을 믿지 못하다가 예수님이 죽음에서 부활 하신 후에 완전히 달라진 사람이 되어 교회의 기둥이 되었고 적극적인 말씀의 순종자가 되었습니다. 그리고 체험을 바탕으로 성도의 살아가는 방법을 강조합니다. 본문에서도 성도가 마땅히 착한 일을 해야 함을 알면서도 하지 않는 것은 죄가 된다고 했습니다. 말로만 믿음이 있노라 하는 것은 거짓이라 하면서 행함이 없는 믿음은 그 자체가 죽은 것이라고 말하고 믿는 자는 행함으로 그 믿음을 보여 주어야 한다고 말합니다(약 2:17-24).

[수] 하나님의 법을 어기는 것 (요일 3:4) 찬송220(통278)

죄를 짓는 자마다 불법을 행하나니 죄는 불법이라고 말합니다. 하나님의 법을 역행하는 것이 죄가 되는 것이요, 불법인 것입니다. 하나님께서 말씀하신 것이 곧 우리가 지켜야 할 법입니다. 모세의 율법을 지켜서 구원 받는 것이 아니라 하나님께서 정하신 최고의 법인 사랑의 법을 지켜야 합니다. 하나님을 사랑하고 이웃을 내 몸 같이 사랑하는 것입니다(눅 10:25-28, 약 2:8). 하나님께서 말씀하신 사랑의 법은 우리가 감당하지 못할 어려운 것이 아닙니다. 하나님은 사랑이시기에 서로 사랑하며 살아야 합니다(요일 4:7-21).

[목] 마귀가 시키는 일 하는 것 (요일 3:8) 찬송348(통388)

마귀 귀신은 악한 일을 하도록 유도하기 때문에 하나님께 구하여 지혜를 받아야 합니다. 거짓말을 비롯해 거짓을 행하도록 하고 속이게 하고 남을 비방하고 참소하게 합니다. 에덴동산에서 마귀는 하와를 속이고 선악과를 따먹도록 하여 하나님의 말씀을 버리고 자기의 명령을 따르게 하였습니다. 하와는 마귀에게 속한 자가 됩니다. 지금에 사는 우리도 틈만 있으면 달콤한 유혹으로 우리를 타락시키려 합니다. 사도 바울도 마음으로는 하나님의 법을 육신으로는 죄의 법을 섬기려 한다고 고백합니다(롬 7:25). 성령 받아 이겨야 합니다.

[금] 불의한 일 하는 것 (요일 5:17) 찬송342(통395)

모든 불의한 것이 죄라고 했습니다. 그리고 사망에 이르지 않는 불의 즉 회개하여 용서함 받을 수 있는 죄가 있는가 하면 용서받지 못할 성령 모독죄도 있습니다(마 12:31, 32). 즉 성령께서 하시는 구원의 역사를 가로 막고 방해 하거나 모독하는 죄인데 이는 이 세상과 오는 세상에서 결코 용서 받지 못할 죄인 것입니다. 그리스도인 이라 하면 이러한 모든 죄를 싫어하고 멀리해야 합니다. 남을 해롭게 하는 일이라든가 비도덕적인 일들은 옳고 그름을 판단해서 악한 것이라 생각 되면 철저하게 배척하고 멀리 해야 할 것입니다.

[토] 죄는 죽음으로 끌고 가는 왕 (롬 5:21) 찬송350(통393)

로마서 6:16에 사람은 죄의 종이 될 때에 사망에 이른다고 했습니다. 또한 죄의 삯은 사망이라고 했습니다(롬 6:23). 이 세상 모든 불신자가 가지고 있는 가장 큰 고통은 죽음입니다. 그래서 죄를 지을 때 두려워하고 숨기고 싶어 하는 것입니다. 나쁜 짓을 했으니 지옥에 갈 것이라는 양심의 소리가 들리기 때문입니다. 주님은 우리를 위하여 이러한 죄의 짐을 지고 피를 흘리고 대신 죽으셨습니다. 이를 믿는 사람들은 죄에서 해방 받게 된 것이요 영생을 받게 된 것입니다. 생명의 성령의 법으로 죄와 사망의 법에서 해방시켜 주셨습니다(롬 8:2).

27 • 회개해야 할 이유

[월] 하나님께서 기뻐하심 (눅 15:3–7) 찬송252(통184)

죄의 삯은 사망입니다(롬 6:23). 하나님은 모든 인생들이 회개하여 천국에 가기를 원하십니다. 본문에 보면 예수님께서 세리와 죄인들을 가까이 하시며 음식도 같이 잡수실 때에 바리새인과 서기관들이 상종 못할 사람들을 사귄다고 수군거립니다. 예수님이 그들에게 말씀하시기를 양 백 마리가 있는데 그 중에 하나를 잃으면 아흔아홉 마리를 들에 두고 그 잃은 것을 찾기까지 찾아다니지 않겠느냐... 찾으면 기뻐하지 않겠느냐 이토록 한 사람이 회개하면 회개할 것 없는 의인 아흔 아홉으로 기뻐하는 것보다 더하리라 하셨습니다.

[화] 죄 사함을 얻게 됨 (눅 3:3–6) 찬송250(통182)

세례 요한은 예수님보다 6개월 먼저 이 땅에 보내진 인물입니다. 예수님께서 구원의 길이 되심을 증거하고 오실 길을 곧게 하라고 보내진 인물입니다. 하늘가는 길을 위해서는 회개해야 합니다. 그는 물로 회개의 세례를 베풀었던 것입니다. 물세례는 죄와 함께 내가 죽는다는 의미가 있습니다. 상징적인 거듭나는 것을 말하는데 진정한 거듭남은 성령으로만 가능합니다(요 3:3). 물세례 받았다고 자랑하며 세상에 속한 삶을 사는 사람이 많습니다. 진심으로 내가 죄인이라는 것을 깨닫고 회개 하는 사람이 죄 사함을 받고 열매 맺게 됩니다.

[수] 생명을 얻게 됨 (행 11:18) 찬송254(통186)

로마가 이스라엘을 지배하고 있을 때 로마 군대의 백부장인 고넬료 라는 사람이 천사를 만나 욥바에 머물고 있는 베드로를 청하여 하나님의 말씀을 듣게 합니다. 베드로의 설교를 들은 그는 구원의 도리를 알게 되었고 즉시 예수님을 마음에 영접합니다. 생명 되시는 예수님을 믿음으로 구원을 받게 된 것입니다. 이후에 베드로가 예루살렘에 올라갔을 때 유대인들이 이방인의 집에 들어가 함께 식사를 했다고 공격을 합니다. 이에 주님의 명령으로 된 일을 말하니 이방인도 회개하고 하나님을 믿으면 생명을 얻게 됨을 알게 됩니다.

[목] 구원을 받게 됨 (고후 7:10) 찬송260(통194)

이 세상의 모든 사람은 끊임없이 걱정과 근심을 가지고 삽니다. 한 가지 근심이 해결되면 또 다른 근심거리가 생깁니다. 쉬지 말고 기도하며 살아가라고 하십니다. 주님은 무엇을 먹을까 마실까 하는 세상적인 근심은 하지 말라고 하십니다. 부지런히 자기의 위치에서 열심히 일하다 보면 우리 주님은 그의 택한 백성을 돌보시는 것을 알 수 있습니다. 오직 우리가 근심해야 할 제목은 하나님의 말씀을 어기고 딴 길로 갔을 때 구원을 받지 못할까 근심하고 회개해야 되는 것입니다. 나의 잘못된 위치를 깨닫고 회개하면 구원을 받습니다.

[금] 용서를 받게 됨 (눅 17:3, 4) 찬송262(통196)

이사야서 55:7에 악인은 그의 길을 불의한 자는 그의 생각을 버리고 여호와께로 돌아오라 그리하면 그가 긍휼히 여기시리라 우리 하나님께로 돌아오라 그가 너그럽게 용서하시리라 했습니다. 본문에 예수님은 네 형제가 죄를 범하거든 경고하고 회개하거든 용서하라고 하셨습니다. 피해 입힌 자가 자기 잘못을 알고 용서를 구하면 용서해 주라는 것입니다. 그것도 하루에 일곱 번이라도 용서하라는 것입니다. 너희가 사람의 잘못을 용서하면 너희 하늘 아버지께서도 너희 잘못을 용서하시리라고 하셨습니다(마 6:14).

[토] 천국을 보게 됨 (마 4:17) 찬송246(통221)

회개하라 천국이 가까왔다고 외친 세례요한은 오실 메시야를 선포하는 그리스도를 나타내는 것이었고 본문의 예수님께서 대중 앞에서 선포하신 의미는 자신이 바로 메시야로서 이미 천국이 도래하여 세례 요한이 외친 것이 이루어졌음을 말씀하는 것입니다(마 4:15,16, 눅 8:1). 가까왔다(헬, 엥기켄)는 말은 도착했다는 뜻입니다. 예수님은 천국(하늘나라)의 주인이시요 구원자이시기에 그의 출현은 곧 하나님의 현현이요 하늘나라가 이루어진 것입니다. 그리스도께서 오심으로 악의 세력은 굴복되고 우리가 회개할 때 그를 만나고 보게 됩니다.

28 • 온전한 회개는

[월] 마음에서 우러나와야 함 (시 51:10-13) 찬송254(통186)

다윗은 말하길 하나님이시여 내 속에 정한 마음을 창조하시고 내 안에 정직한 영을 새롭게 하여 달라고 기도합니다. 정한 마음은 죄악이 섞이지 않은 깨끗한 심령을 말합니다. 진실된 회개는 이토록 거듭나서 변화되어야 합니다. 회개를 했다고 하면서 변화되지 않은 옛날의 모습을 보이고 행동이 그대로이면 진정으로 회개한 것이 아닙니다. 마음속 깊은 곳에서 죄를 깨달아 알아야 합니다. 이를 깨닫게 하시는 분은 성령님이시기에 다윗은 주의 성령을 내게서 거두지 말아 달라고 말합니다. 잘못된 마음이 새롭게 변화되도록 간구해야 합니다.

[화] 바른 행동을 보여야 함 (눅 19:8) 찬송289(통208)

삭개오라는 세리장이 예수님이 보고 싶어 돌무화과나무에 올라갔다가 이를 알고 부르시는 예수님을 자기 집에 초대하여 말하길 내 소유의 절반을 가난한 자들에게 주겠으며 누구의 것을 속여 빼앗은 일이 있으면 네 갑절로 배상하겠다고 말합니다. 진실로 예수님을 만난 사람은 이토록 남에게 잘못한 일이 있으면 회개한 열매를 보여야 합니다. 입술로는 회개했다고 하면서 남에게 해를 끼친 것이 생각나는데도 모르는 체 한다면 진실로 회개한 것이 아닙니다. 원망 들을만한 것이 있으면 먼저 형제와 화목하게 하면서 주님을 섬겨야 합니다.

[수] 완전히 주님께 돌아 옴 (마 11:28) 찬송525(통315)

우리는 우리를 지으신 하늘에 계신 아버지를 버리고 세상의 주인인 마귀를 따라 다녔습니다. 그러나 이제는 예수님을 통하여 나를 낳아 주신 아버지는 하나님 아버지이심을 알게 되었으니 마귀에게 속한 모든 것을 버리고 오로지 하나님만 의지하며 살아가야 합니다. 어느 것은 하나님을 믿고 어느 것은 믿지 않는다면 온전한 믿음이 아닙니다. 성경 말씀의 모든 것을 마음에 새기고 믿을 때에 놀라운 하나님의 인도하심을 체험하게 됩니다. 진정으로 회개한 사람은 하나님께서 살아계신 것과 능력이 많으신 것을 믿고 돌아옵니다.

[목] 성령을 받게 됨 (행 2:38) 찬송190(통177)

예수님께서 부활하시고 승천하신 후에 사도들과 제자들 120명이 마가의 다락방에 모여 열심히 기도할 때에 그들 위에 불꽃의 모양으로 성령께서 임재하셨습니다. 16개국에서 온 유대인들이 예루살렘에 왔다가 그들이 태어난 나라의 방언으로 기도하는 것을 보고 이상하게 생각하고 심지어는 술이 취했다고 의심을 하기도 합니다. 그때 사도인 베드로가 일어나 말하길 이들이 아침에 술에 취한 것이 아니라 하나님의 성령이 임하실 것을 구약성경에 예언한 것을 예로 들며 회개하고 죄 사함을 받으면 성령을 선물로 받게 된다고 외칩니다.

[금] 기도의 응답을 받게 됨 (대하 7:14) 찬송287(통205)

솔로몬 왕이 하나님의 성전을 짓고 기뻐할 때에 밤에 그에게 나타나신 하나님께서 내가 이미 네 기도를 듣고 일을 이루게 했으니 앞으로도 내 이름으로 일컫는 내 백성이 그들의 악한 길에서 떠나 스스로 낮추고 기도하여 내 얼굴을 찾으면 내가 하늘에서 듣고 그들의 죄를 사하고 그들의 땅을 고치리라 말씀하십니다. 즉 회개하고 기도하면 응답해 주실 것을 약속하십니다. 이토록 회개하여 깨끗함을 받은 심령은 기도의 응답을 받게 되는 것입니다. 진실한 회개는 하나님의 마음을 움직이는 호소력이 있습니다. 진실한 회개일 경우입니다.

[토] 위로를 받음 (마 5:4) 찬송250(통182)

애통하는 자는 복이 있게 되는데 그들이 위로를 받을 것이라는 것입니다. 애통(헬, 펜데오)은 울부짖는다는 뜻으로도 해석하는데 하나님과 인간 사이에 갈라놓은 죄에 대하여 울부짖듯이 철저히 회개하는 마음을 의미합니다. 이렇게 회개하는 사람은 하나님께서 기꺼이 용서하여 주시고 위로해 주신다는 것입니다. 위로(헬, 파라칼레오)라는 말은 곁으로(헬, 파라)라는 말과 부르다(헬, 칼레오)는 말의 합성어인데 애통하는 자에게 다가오셔서 따뜻한 사랑을 베푸시는 자비로우신 하나님의 사랑을 반영하는 단어입니다.

29 • 어떻게 구원을 받는가 (1)

[월] 하나님으로 말미암아 (사 45:21) 찬송310(통410)

사람이 제아무리 잘났고 성공 출세를 한다 해도 결국 죽음을 맞이하는데 천국이 아닌 지옥에 간다고 하면 불쌍한 인생이 되고 맙니다. 궁극적인 성공은 영원한 하늘나라 천국에 가는 것입니다. 흔히 불신자들도 죽어서 하늘나라에 갔다고 착각하는 말들을 합니다. 천국 가는 구원은 어떻게 받는가를 살펴봅니다. 구원의 주님이신 예수그리스도께서 이 땅에 오시기 전의 구원은 창조주이신 여호와 하나님께서 구원의 이름이 되십니다. 다른 이름은 없다는 것입니다. 그분이 천지를 창조하신 분이고 주관자이시기 때문입니다.

[화] 하나님의 은혜로 (사 49:8) 찬송303(통403)

우리가 이 세상에 태어나 살아가고 있는 자체가 모두 하나님의 은혜입니다. 이것을 모르는 인생들은 자기의 용모나 지식이나 재물로 살아가는 줄 착각합니다. 인생은 모두가 빈손으로 왔다가 빈손으로 가는 미약한 존재들입니다. 전도서 5:15에 모태에서 벌거벗고 나왔은즉 그가 나온 대로 돌아가고 수고하여 얻은 것을 아무것도 자기 손에 가지고 가지 못한다고 말 했습니다. 햇빛을 주시고 때를 따라 비를 내려 주시고 숨을 쉴 수 있는 공기 등 모든 것을 주신 하나님께 영원한 구원의 은혜를 갈구해야 합니다.

[수] 하나님을 믿음으로 (사 12:2) 찬송287(통205)

이사야 선지자는 하나님은 나의 힘이시며 나의 노래시며 나의 구원이시라고 고백합니다. 이 세상의 어떤 잡신이나 이방인들이 믿는 귀신들은 구원의 능력이 없습니다. 오직 절대자이신 하나님만이 구원의 권능을 가지고 계십니다. 이 사실을 믿고 그의 구원을 바라는 사람들에게 은총을 베푸십니다. 이방인이요 매춘부였던 라합 이라는 여인이 여호와를 믿고 구원받았고(수 2:8-11) 이방의 모압 여인이었던 룻도 여호와를 믿음으로 구원을 얻고 다윗의 계보에 오른 것입니다(룻 1:16). 절대자 하나님에게 구원이 있습니다.

[목] 하나님의 사랑으로 (요 3:16) 찬송304(통404)

인간의 고통을 더 이해하시고 사랑을 베푸시기 위해 하나님은 독생자 예수님을 이 땅에 보내십니다. 그의 사랑을 보여 주시고 자신을 나타내 보여 주신 것입니다. 또한 우리가 죄인으로 있어 구원받지 못함을 안타까이 여기시고 독생자를 죽게 하심으로 대속의 은혜를 베푸시고 그 사실을 인정하고 믿는 모든 사람들을 구원하시는 지극한 사랑을 베풀어 주신 것입니다. 우리는 그의 사랑을 생각할 때마다 감사하지 않을 수 없고 주님의 은혜를 무엇으로 보답할까 생각하게 됩니다. 항상 그분을 찬양해야 할 것입니다.

[금] 하나님의 긍휼하심으로 (딛 3:5-8) 찬송310(통410)

긍휼이라 함은 가엾게 여기는 것을 말합니다. 잘난 자녀 보다 못난 자녀를 더 사랑하고 관심을 가지듯이 죄인이면서도 죄인인줄 모르는 인생을 불쌍히 여기시고 죄를 씻어 주시고 깨끗하다고 인정하시는 은혜를 입혀 주신 것입니다. 또한 성령으로 거듭나게 하셔서 새로운 세계를 알게 하시고 그곳으로 인도하시는 것입니다. 이렇듯 지대하신 그분의 관심과 사랑은 인류 역사 이래 지금까지 이어져 오고 있는 것입니다. 그러므로 구원 받은 자들이 되어 영원한 하늘나라 상속자가 되게 하신 그의 은총을 찬양해야 합니다.

[토] 하나님의 오래 참으심으로 (벧후 3:7-9) 찬송527(통317)

베드로후서 3:15에도 우리 주의 오래 참으심이 구원이 될 줄로 여기라 했습니다. 구약시대에도 오래 참으시는 하나님이 기록되어 있습니다만(사 48:9) 그 이유는 한 사람이라도 더 회개하고 구원자이신 하나님께 돌아오기를 원하시기 때문인 것입니다. 우리가 살고 있는 지금도 하나님께서 오래 참고 계셔서 악한사람들을 제거하지 않으시고 기다리시는 것을 많이 볼 수 있습니다. 그래도 회개하지 않는 사람들은 영원한 불의 심판과 함께 멸망을 받게 될 것을 본문에서 일러 주고 있습니다.

30 • 어떻게 구원을 받는가 (2)

[월] 예수님 이름으로 받음 (마 1:21) 찬송521(통253)

요셉이 정혼한 마리아가 잉태한 것을 알고 가만히 끊고자 할 때에 천사가 나타나 성령으로 그리스도가 잉태된 것을 알려주고 그 이름을 예수라고 부르도록 지시하며 그는 만백성을 죄에서 구원하실 분이라고 일러 줍니다. 예수님은 인류 구속사의 주권자가 되시며 핵심이 되시는 분입니다. 로마서 6:23에 죄의 삯은 사망이요 하나님의 은사는 그리스도 예수 우리 주 안에 있는 영생이라고 하셨습니다. 오직 예수 안에 구원이 있고 영생이 있다는 것입니다. 예수님만이 하늘나라에 들어갈 수 있는 구원의 문이 되시며 이름이 되십니다(행 4:12).

[화] 예수님의 복음으로 받음 (롬 1:16) 찬송505(통268)

주님께서 말씀하신 복음 외에 다른 사이비 복음으로 구원을 받을 수 없습니다(갈 1:7). 사도 바울은 예수그리스도의 복음에 대해 절대적인 가치와 전하는 자로써 긍지를 가지고 있었습니다. 우리도 성경의 복음(기쁜 소식)이 얼마나 귀한 것인가를 인식하고 전해야 할 것입니다. 왜냐하면 이 복음은 모든 믿는 자에게 구원을 주시는 하나님의 능력이기 때문입니다. 이 복음이 전파되면 듣는 자들 속에서 역사되어 죽은 영혼이 살아나게 되며 지옥 백성이 천국 백성으로 변화 됩니다. 영생이 주어지게 됩니다.

[수] 예수님의 영으로 받음 (롬 8:9) 찬송303(통403)

예수님은 제자들에게 이런 말씀을 하셨습니다. 보혜사 곧 아버지께서 내 이름으로 보내실 성령 그가 너희에게 말한 모든 것을 가르치시고 내가 너희에게 말한 모든 것을 생각나게 하시리라(요 14:26)는 것입니다. 예수님의 이름으로 오시는 성령은 그를 믿는 모든 사람들 가운데 내주하셔서 성전 삼고 계십니다(고전 6:19). 구원의 도리와 행할 바를 인도하고 계십니다. 그래서 예수님의 영이 없는 사람은 성도가 될 수 없으며 영생이 그 속에 없습니다. 그래서 성령으로 거듭나야 하고(요 3:5) 성령을 거역하면 구원 받지 못합니다(마 12:31,32).

[목] 예수 안에 있어야 받음 (요 15:5) 찬송390(통444)

예수 안에 있다는 말은 예수님을 따라 행할 뿐 아니라 말씀을 순종한다는 뜻이 있습니다(요일 2:6). 그러나 예수님처럼 남을 위해 십자가에 못 박혀야 한다는 말은 아닙니다. 이미 주님이 십자가에서 우리를 위해 못 박혀 피를 흘려 속죄하여 주셨으니 감사하는 마음으로 순종하며 살아야 하는 것입니다. 예수님은 포도나무요 우리는 가지이니 원 줄기에 붙어 있어야만 진액을 공급받아 열매를 맺을 수 있는 것입니다. 습관적인 죄를 청산(회개)하고 새로운 마음으로 주님을 따라 살아야 합니다. 마귀의 유혹을 물리쳐야 합니다(요일 3:6-8).

[금] 예수님 희생으로 받음 (요일 3:16) 찬송311(통185)

목숨을 버렸다는 것은 타인을 위해 희생을 했다는 것입니다. 세상 사람들은 그 마음속에 사랑이 없어 미움으로 가득합니다. 그러나 예수님은 자기를 미워하고 죽이는 사람들을 위해 목숨을 버리셨습니다. 목숨은 육체의 생명을 말합니다. 원수들을 위해 자신의 목숨을 내어 주신 것입니다. 이는 절대적인 사랑의 표본이요 최상의 사랑인 것입니다. 죄 많은 인생들을 구원하시기 위한 사랑의 표현인 것입니다. 요한복음 10:15에 나는 양을 위하여 목숨을 버린다고 하셨듯이 그의 목숨의 희생이 우리 영원한 생명의 담보가 되신 것입니다(막 10:45).

[토] 예수님의 보호하심으로 받음 (유 1:20-25) 찬송406(통464)

빌립보서 2:12에 그러므로 나의 사랑하는 자들아 너희가 나 있을 때 뿐 아니라 더욱 지금 나 없을 때에도 항상 복종하여 두렵고 떨림으로 너희 구원을 이루라 했습니다. 구원은 주님의 은혜이며 그 안에서 자유함을 얻었지만 인간은 나약함으로 교만과 방종으로 흐를 수 있습니다. 그렇기에 우리는 항상 깨어 있어 자신의 위치를 점검하고 하나님을 경외하는 마음으로 살아가야 합니다. 할 수 있는데 까지 마귀는 믿는 자를 삼키려고 우는 사자 같이 노리고 있습니다(벧전 5:8,9). 그러나 보호하시는 주님을 믿고 담대히 대적해야 합니다.

31 • 어떻게 구원을 받는가 (3)

[월] 예수님의 죽음과 부활로 받음 (롬 5:10) 찬송542(통340)

원수라는 말은 인간이 죄로 말미암아 절대로 공의로우신 하나님과의 관계가 단절되어 하나님의 축복의 대상에서 멀어진 것을 의미하며 마귀와 짝하여서 하나님께서 미워하시는 것을 말합니다. 이토록 미움을 받을 수밖에 없는 인간을 위해서 대신 죽어 주신 예수님으로 인해 우리가 의롭다 하심을 받은 것입니다. '화목 된다' 라는 말은 '교환하다' 라는 뜻으로 적개심이 사랑으로 바뀌어 교류됨을 말합니다. 하나님과 본래의 관계로 회복된 것을 말합니다. 또한 그의 부활은 그를 믿는 모든 사람들의 궁극적 소망이요 큰 능력이 되는 것입니다(고전 15:17,18).

[화] 각자가 믿음으로 받음 (엡 2:8,9) 찬송544(통343)

로마서 10:9에 하나님께서 그를 죽은 자 가운데서 살리신 것을 네 마음에 믿으면 구원을 얻으리라고 했습니다. 본문에도 믿음으로 구원을 받는데 그 믿음이 주님의 은혜에 기인함을 말합니다. 주님께서 십자가에 못 박혀 피를 흘리심이 핵심적인 은혜이지만 이 사실을 믿게 된 것도 전적으로 하나님께로부터 주어졌음을 말하고 있는 것입니다. 예수님의 죽음과 부활을 각자가 믿어야 하는 것입니다. 또 한 사람만 예수님을 믿으면 그의 모든 가족이 구원받는 것이 아니라(행 16:31) 믿는 사람이 복음을 전파하여 구원시키는 것을 말합니다.

[수] 회개하고 성령 세례로 구원 받음 (행 2:38) 찬송190(통177)

본문은 베드로가 하루에 삼천 명을 회개시킬 때에 한 말입니다. 세례를 받고 죄 사함을 받으라는 것입니다. 세례(헬, 밥티조)의 의미는 물을 뿌린다, 물에 잠긴다는 뜻입니다. 내가 죽는 것을 말합니다. 이 경우 원래는 물을 뿌리는 것보다 물속에 잠기는 것이 감각적입니다. 물속에서는 숨을 쉬지 못하기 때문에 죽은 것과 같기 때문입니다. 그러나 진정한 세례의 열매는 물에 있는 것이 아니라 성령으로 거듭나야 합니다. 내적인 변화의 역사는 성령으로만 가능합니다(요 3:3,5). 사람이 베푸는 물세례가 성령세례를 앞 설수 없습니다(고전 1:17).

[목] 주의 이름을 부름으로 받음 (롬 10:13-17) 찬송36(통36)

요엘서 2:32에 요엘 선지자는 누구든지 여호와의 이름을 부르는 자는 구원을 받으리라 했습니다. 이 말씀을 인용하여 바울은 그리스도를 영접함으로 구원에 이르는 진리를 강조하고 있습니다. 주님의 이름을 부른다는 것은 예수님이 나의 구세주 되신 것이 믿어질 때에 부르는 것을 말합니다. 믿음도 없이 그 이름을 부른다 해서 구원을 받는 것이 아닙니다. 그가 나의 죄를 속해 주셨으며 구원자가 되심을 믿고 부르는 것을 말합니다. 부른다는 의미는 예배드린다는 의미와 동의어입니다. 많은 사람들이 그 이름을 부르도록 전해야 할 것입니다.

[금] 주님을 시인함으로 받음 (롬 10:9-10) 찬송502(통259)

마음으로 믿어 의에 이르는 것과 입으로 시인하여 구원에 이르는 것은 양쪽의 수레바퀴와 같습니다. 시인한다(헬,호몰로게오)는 말은 동의한다. 고백한다는 뜻입니다. 예수님이 나의 구주되심과 나의 죄를 속죄하여 주신 것을 진실 된 마음으로 믿고 고백할 때에 믿음과 고백이 하나 될 수 있는 것입니다. 구원 받게 되는 것입니다. 우리는 어느 곳에 가든지 예수님을 부지런히 시인해야 하고 말로나 행동으로 고백해야 합니다. 본문의 의미는 복음을 증거 하는 증인의 역할을 할 때 구원의 확신이 더해짐을 강조하고 있습니다.

[토] 끝까지 참는 소망으로 구원을 받음 (롬 8:24) 찬송95(통82)

우리는 믿음으로 구원을 받았고 의롭다 하심을 받았습니다(롬 5:1). 이제는 완전한 구원을 바라는 소망 중에 살고 있습니다. 즉 우리 육신의 구속은 장차 되어질 일이니 이를 소망하는 가운데 살고 있습니다. 소망은 미래의 것을 기대하는 것이나 미래의 것은 보이지 않습니다. 그렇지만 눈에 보여 지는 것이 좋다고 따라가서는 안 됩니다. 그것이 영원한 소망이 아니기 때문입니다. 히브리서 11:1절에 믿음은 바라는 것(소망)들의 실상이요 보이지 않는 것들의 증거라고 했습니다. 끝까지 참고 믿음으로 영원한 하늘의 소망을 이루어야 합니다.

32 • 믿는 사람이 해야 할 일 (1)

[월] 사귀어라 (요1서 1:7) 찬송449(통377)

빛과 어두움이 서로 사귀거나 공존할 수 없습니다. 즉 영적으로는 믿는 자와 믿지 않는 자는 궁극적으로는 함께 할 수 없다는 것입니다. 우리는 참 빛(요 1:9)이 되신 예수그리스도를 믿음으로 빛에 속한 자요 세상의 빛으로 살아야 합니다. 그렇기 때문에 예수님 안에서 빛이 되는 말과 행동을 하는 사람끼리 영적인 교제가 있어야 합니다. 믿는다고 하면서도 말씀에 어긋나거나 혹은 믿지 않는 사람은 결코 사귀어서는 안 됩니다. 영적인 곤고함이 따릅니다. 일반적인 생활에서 담을 쌓지는 말고 믿음을 지키기 위해 힘을 써야 합니다(갈 2:20).

[화] 섬기어라 (벧전 4:10, 11) 찬송455(통507)

하나님은 믿는 성도들에게 필요에 따라 각가지 은사를 부어 주시는데 그 은사가 무엇이든지 교회의 유익을 위하여 나누어 주시는 것입니다. 초대교회 때의 예언이나 방언 등의 특별한 은사만이 아니라 가난한 사람들을 돌아보고 구제하고 가르치고 긍휼을 베풀고 교회를 받들고 섬기는 모든 것이 유익한 은사라고 베드로는 말합니다. 그리고 그는 모든 것이 하나님께서 거저 주시는 하나님의 은혜로 나온 것이기에 선한 청지기가 되어 열심히 사용할 것을 권하고 있습니다. 이 능력도 하나님께서 주셨다고 하나님께 영광을 돌려야 합니다.

[수] 돌아보라 (빌 2:4, 히 10:24) 찬송450(통376)

히 10:24에 서로 돌아보아 사랑과 선행을 격려하라고 했습니다. 서로 돌아본다는 말은 주시한다(헬, 스코페오)는 말이요 진심으로 관심을 가지고 깊이 생각하라는 말입니다. 형제와 이웃을 위해 지속적으로 관심을 가지라는 말입니다. 사도 바울이 감옥에 갇혀 있을 때 성도들은 그를 위해 기도하며 돌아보았고 바울은 그들을 가르치고 염려하며 돌아보았습니다. 이토록 서로 사랑하는 마음으로 돌아볼 때에 하나님을 믿는 믿음 안에서 하나가 될 수 있습니다. 관심을 가지고 생각해 주는 것이 곧 사랑이요 행함이 있는 믿음의 실천입니다.

[목] 위로하라 (살전 4:16-18) 찬송220(통278)

고후 1:3,4에 하나님께서는 자비의 아버지가 되시며 모든 환란 중에 있는 자들을 위로하시는 분으로 기록하고 있습니다. 위로(헬,파라클레시스)라는 말은 가까이에서 부른다, 혹은 초청한다는 뜻입니다. 낙심한 상태에 있거나 환란 중에 있는 사람을 격려하고 용기를 북돋아 주는 것을 말합니다. 더 나아가서는 환란 가운데 빠져있는 사람을 구출하여 내는 것을 가리키기도 합니다. 하나님은 그를 믿는 사람들에게 기쁨과 평강을 주셔서 소망을 넘치게 하심으로 세상 환란 가운데서 인내하도록 하십니다. 이것이 참 위로가 되는 것입니다.

[금] 사랑하라 (벧전 4:8) 찬송463(통518)

성도들은 사랑할 줄 알아야 하나님을 아는 자라고 말씀합니다(요일 4:7,8). 또 서로 사랑하라고 했습니다. 하나님의 사랑을 알지 못하고 받지 못하는 사람이 있듯이 사람 사이에도 사랑을 주는데도 받지 못하는 사람이 있어 피차 사랑하라는 것입니다. 사랑의 방법은 고린도전서 13장에서 열거하고 있습니다. 사랑은 악한 것도 사랑하라는 것이 아닙니다. 원수도 사랑하라는 뜻은(눅 6:35) 미워하는 자를 같이 미워하지 말고 선대하며 저주하는 자도 역시 저주하지 말고 축복하는 등 악한 행동을 선한 것으로 갚으라는 것입니다(롬 12:17-21).

[토] 용서하라 (롬 15:7) 찬송449(통377)

믿음이 있고 주 안에서 살아 간다고 하는 사람들도 때로는 실수할 때가 있고 죄를 지을 때가 있습니다. 죄가 만연한 이 세상에서 행동이 완벽한 사람은 한 사람도 없습니다. 본문의 받으라(헬, 프로스람바노)는 말은 용서하라 용납하라, 넓은 마음으로 받아들이라는 뜻입니다. 하나님께서는 이토록 연약한 사람들을 붙잡아 주시고 깨닫게 하셔서 저는 다리로 하여금 똑바로 가도록 하셔서 구원의 길로 인도하고 계십니다. 죄를 회개하는 기회는 있어야 하되 우리 모두 죄의 동질성을 가지고 있음을 알고 죄지은 자를 이해하고 용서해야 합니다.

33 • 믿는 사람이 해야 할 일 (2)

[월] 기도하라 (약 5:16) 찬송365(통484)

자신을 위한 기도도 중요 하지만 타인을 위한 중보 기도도 매우 귀중한 것을 성경에서 찾을 수 있습니다(롬 10:1, 고후 13:9. 엡 6:18,19). 이토록 타인을 위하여 간구하는 기도는 그를 사랑하기 때문에 할 수 있게 되는 것입니다. 상대방에 대하여 사랑하는 마음이 없을 때 기도할 수 없게 되는데 본문에서는 병든 자의 쾌유를 위해 기도하라는 것이며 이 경우는 병의 원인이 죄에 있었기 때문에 성령님께서 죄가 생각나도록 인도하실 것과 죄의 용서와 치유를 위해 기도하라는 것입니다. 용서 받은 후의 기도는 능력이 있습니다.

[화] 구제하라 (히 13:16) 찬송311(통185)

초대 교회 사역의 특징을 요약하면 선교와 구제로 말할 수 있습니다. 그들은 열심히 교회에 모였고 기도하는데 힘을 쏟았습니다. 또 자기의 재산과 소유를 팔아 각 사람의 필요에 따라 나누어 주었습니다(행 2:42-47). 또 열심히 전도했습니다. 사도행전의 많은 기록이 선교에 초점을 두고 있습니다. 특히 초대 교회의 교인들은 성령을 받아 사랑이 넘쳤고 구제에 힘을 쏟은 것입니다. 서로 나누어 준다는 헬라어 코이노니아는 교제의 의미가 있지만 헌금, 구제라는 의미로도 쓰여 졌습니다(행 2:42. 롬 15:26). 나누는 행동은 상을 받습니다(마 25:35).

[수] 친절 하라 (엡 4:32) 찬송395(통450)

친절(헬, 크레스토스)은 인자하다, 친절하다는 뜻인데 엡 2:7에는 하나님의 속성을 나타내는 단어로 쓰여 졌습니다. 우리는 흔히 뜻이 다른 사람에게 냉대하는 태도를 보입니다만 예수님은 눅 6:35에서 원수도 사랑으로 선대하며 아무것도 바라지 말고 꾸어 주라 그리하면 너의 상이 클 것이요 또 지극히 높으신 이의 아들이 되리니 그는 은혜를 모르는 자와 악한 자에게도 인자하시니라 하셨습니다. 사도 베드로는 하나님의 인자하심을 경험했으면 모든 악독과 모든 기만과 외식과 시기와 모든 비방하는 말을 버리라고 했습니다(벧전 2:1-3).

[목] 화평하라 (딤후 2:22) 찬송327(統361)

화평을 누릴 수 있는 비결은 예수그리스도를 믿음으로 구원을 받았을 때, 하나님과의 정상적인 소통이 이루어질 때에 심령에 평안함을 누리게 됩니다. 하나님과의 화평이 이루어지지 않은 사람은 이웃과 화평을 가질 수 없습니다. 이러한 화평을 경험하지 못한 사람은 구원받은 사람이라고 자신 있게 말을 할 수 없습니다. 하나님과 정상적인 관계를 이룬 사람이 그에게 주어진 환경 속에서 화평케 하는 사람이 됩니다. 그렇게 함으로 그가 하나님의 아들이 되었음을 증명하게 되는 것입니다(마 5:9). 항상 화평을 구해야 합니다(벧전 3:11).

[금] 종이 되라 (갈 5:13) 찬송320(統350)

예수그리스도께서 십자가에 못 박혀 죽으신 사건은 인류를 구원하시기 위한 가장 큰 사랑의 사건입니다. 하나님께서 구원을 받은 사람들에게 명령하신 최대의 강령이 사랑인데 이것을 손수 보여 주신 분이 예수님이십니다. 서로 종노릇 하라는 말씀은 서로 종의 위치에서 일을 하라는 말씀입니다. 사랑이 없으면 상대방의 종이 될 수 없습니다. 우리는 조그만 자존심 때문에 상대방의 종이 되기보다는 상전 노릇을 하려 합니다. 사랑은 교만하지 않습니다(고전 13:4). 사랑이 있는 사람은 겸손하여 궂은일을 기쁨으로 담당하려 합니다.

[토] 화답하라 (엡 5:19) 찬송324(統360)

화답(헬, 랄레오)은 발산하다, 이야기하다는 뜻입니다. 서로 간에 속에 있는 생각을 털어놓고 대화하는 것을 말합니다. 본문의 경우는 초대 교회시의 예배 의식에서 찬송가를 서로 교창하는 것을 말하는데 이토록 그리스도 안에서의 형제들이 화목한 모습으로 서로의 감성이 통하는 대화나 찬송을 나누는 것은 하나님 앞에서 귀한 일이요 하나님께 영광이 되는 것입니다. 불평과 불만이 가득한 시기와 쟁투는 하나님의 영광을 가리 울뿐입니다. 남을 이해하고 위로해 주는 말을 하면 서로 마음이 통하고 내게도 위로 받을 때가 옵니다.

34 • 믿는 사람이 해야 할 일 (3)

[월] 대접하라 (벧전 4:9) 찬송595(통372)

초대교회 때에는 믿는 사람들이 많은 핍박을 받았습니다. 그들은 핍박을 피하기 위하여 이곳저곳으로 피해 다녔습니다. 그러나 이들을 반겨주고 보호하여 줄 시설이 없었습니다. 오직 그리스도 안에서 한 형제 된 사람들이 서로 도와줄 수밖에 없었고 또 이들을 도와주고 대접하라는 사도들의 권면이 여러 곳에 기록되어 있습니다(롬 12:13,히 13:2). 대접한다는 것은 그리스도인으로서 사랑의 제일 큰 방법이므로 기쁜 마음으로 하라고 했습니다. 원망없이 하라는 말은 불만을 품고 수군대지 말라는 뜻이요 깨끗하고 이기심 없이 하라는 말입니다.

[화] 참된 말을 하라 (엡 4:25) 찬송 325(통359)

하나님의 은혜로 구원 받은 사람은 거짓을 버리고 참된 것을 말하는 것이 제일 중요한 과제중의 하나입니다. 거짓이라 함은 모든 종류의 속임수와 궤계를 말합니다. 성경은 이것을 옛사람이 하는 행동으로 말합니다. 골 3:9,10에 너희가 서로 거짓말을 하지 말라 옛 사람과 그 행위를 벗어 버리고 새 사람을 입었으니 이는 자기를 창조하신 이의 형상을 따라 지식에까지 새롭게 하심을 입은 자니라 고 했습니다. 성도들이 서로 해야 할 일들이 사랑하고 연합하는 것인데 거짓말을 하고 속이면 불신 조직이 될 것입니다.

[수] 덕을 세우라 (롬 14:19) 찬송457(통510)

그리스도인들은 하나님과 이웃에게 칭찬받는 사람들이 되어야 합니다. 그렇기 위해서는 성도들과의 조화와 친교적인 노력을 해야 합니다. 그러나 그 노력이 세상적인 말과 방법으로 해서는 안 됩니다. 새 사람답게 거룩함과 진실함으로 해야 합니다. 친교의 가장 기본은 덕을 세우는 것입니다. 이것은 내 중심으로 생각하고 말해서는 안 됩니다. 타인을 배려해야 합니다. 아무리 내 생각이 옳다고 해도 타인에게 유익이 되지 못하면 소용이 없습니다. 그렇다고 잘못된 것에 동조하라는 것이 아니라 그리스도인의 인격을 지키라는 것입니다.

[목] 마음을 같이 하라 (롬 15:5–7) 찬송220(통278)

마음이나 뜻을 같이 하려면 예수님의 겸손을 본받아 낮은 자세로 대할 때 일치된 목표를 이룰 수 있습니다. 서로 마음을 같이 한다는 말은 서로 같은 생각을 한다는 것입니다. 동상이몽이라는 말이 있듯이 같은 곳에 있으면서 다른 목표를 둔다면 분쟁만 생기게 됩니다. 성격과 성장 과정이 다른 사람들이 올바른 가치 판단을 한다는 것은 매우 어렵습니다. 그러나 자기주장만 고집하고 상대방의 뜻을 수용하지 않으면 마음이 하나 될 수 없습니다. 교만한 마음이나 우월 의식을 버려야 합니다.

[금] 먼저 존경하라 (롬 12:10) 찬송212(통347)

상대방을 존경하기를 먼저 하라는 이 말씀은 무척이나 어려운 것입니다. 이러한 태도는 평소에 상대방을 귀하게 여길 때 가능합니다. 가볍게 생각하고 우습게 생각하면 존경은 없게 됩니다. 상대방도 나보다 나은 것이 있다고 생각해야 됩니다. 빌 2:3에 오직 겸손한 마음으로 각각 자기보다 남을 낫게 여길 때 남을 존경하게 되는 것입니다. 그렇게 되기 위해서는 항상 자기의 위치나 권위를 낮게 평가해야 합니다. 어느 사람이든 내가 섬기겠다는 자세를 가질 때 상대방을 존경할 수 있습니다.

[토] 서로 발을 씻어 주라 (요 13:14) 찬송463(통518)

가르치는 선생의 입장에서 제자들의 발을 씻어 준다는 것은 참으로 어려운 것입니다. 체면을 생각해서 입니다. 더구나 구세주이신 예수님이 자신의 신분을 생각하지 않으시고 제자들의 발을 씻어 주신다는 것은 도저히 상상할 수 없는 것입니다. 예수님은 하찮은 제자들의 발을 씻어 주시고 너희들도 서로 씻어 주라고 말씀하십니다. 일이 끝나고 집에 들어가서 더러워진 발을 씻어 주라는 것이 아니라 서로 간에 낮은 위치에서 섬겨주고 봉사하라는 것입니다. 우리는 하나님께 사랑의 빚을 진 사람으로 마땅히 할 일입니다.

35 • 믿는 사람이 해야 할 일 (4)

[월] 남을 낫게 여기라 (빌 2:3) 찬송425(통217)

벧전 5:5에 젊은 자들아 이와 같이 장로들에게 순복하고 다 서로 겸손으로 허리띠를 동이라 하나님이 교만한 자를 대적하시되 겸손한 자들에게는 은혜를 주신다고 했습니다. 성경은 이토록 겸손 하라는 말씀을 많이 하고 있는데 겸손해 지려면 항상 나보다 남을 낫게 여길 때 가능한 것입니다. 어린아이를 대할 때에도 나는 온갖 세상의 때가 묻은 마음을 가지고 있는데 이 어린이는 참으로 마음이 순수하고 깨끗하다고 생각할 때 겸손하게 되는 것입니다. 비천한 신분 일지라도 그의 장점만을 찾는 사람을 하나님은 기뻐하십니다.

[화] 문안 하라 (벧전 5:14) 찬송430(통456)

세상 사람들도 이웃 간에 정이 있으면 서로를 돌아보고 무엇이 생기면 나누려는 마음을 갖습니다. 하물며 그리스도 안에서 한 형제가 된 우리는 서로의 형편을 살피고 정을 나누는 것은 당연한 것입니다. 이것은 영적인 유대감에서 서로 간에 힘이 되는 것입니다. 또한 믿음이 성숙해 가는 과정에서 귀한 요소가 되는 것입니다. 문안한다는 말은 인사한다는 말입니다. 부모 슬하를 떠난 자녀들이 부모님의 건강이나 생활을 염려하여 문안을 하듯이 믿는 사람들도 서로 돌아보는 습관이 필요합니다. 형제들의 연합된 마음이 귀할 때입니다.

[수] 우애하라 (롬 12:10) 찬송220(통278)

형제간의 사랑(헬,필라델프히아)이라는 뜻과 우애(헬, 필로스 톨고스)라는 뜻은 약간의 차이가 있습니다. 전자는 이웃 간의 사랑의 의미가 크지만 후자는 피를 나눈 가족이나 종족 간의 사랑을 뜻합니다. 후자의 단어가 의미하는 것은 가족같이 친밀한 사랑으로 살아가야 함을 강조한 것입니다. 성령으로 거듭난 사람들은 혈통으로 맺어진 형제들보다 더 친밀함을 느끼게 됩니다. 가족은 돈을 비롯한 여러 가지 문제로 원수가 되는 경우가 많지만 성령 안에서 그리스도의 피로 거듭난 사람들은 그 생명의 피가 마음속에 흐르기 때문입니다.

[목] 권면하라 (골 3:16, 17) 찬송340(통366)

그리스도인들이 하나님의 말씀을 풍성히 받는 것도 중요 하지만 그 말씀 속에 담겨진 교훈을 지키며 덕목도 서로 가르치고 권면하는 것도 중요합니다. 그 이유는 개인이 가지고 있는 습관이 온전하지 못하여 공동체 생활에서 불필요한 덕목이 되기 때문입니다. 좋은 말로 권면하면 그리스도인들끼리 사랑이 더 돈독해질 수 있습니다. 물론 이 덕목들은 그리스도의 말씀 안에서 이루어져야 하고 자타가 인정하는 객관성이 있을 때 힘을 받게 되는 것입니다. 서로 존중하여 열매를 맺도록 해야 합니다.

[금] 짐을 져 주라 (갈 6:2) 찬송338(통364)

서로 짐을 지라는 말씀은 어려운 사람의 짐을 덜어 줌으로 사랑을 나타내라는 의미입니다. 짐(헬, 바로스)이라는 단어는 마 20:12에서는 수고라는 말로 고후 4:17에서는 중한 것으로 번역하기도 했습니다. 어려운 일들을 함께 나누라는 것입니다. 소위 백짓장도 맞들면 낫듯이 생활 속에서 겪는 어려움을 물질적으로 혹은 정신적으로 돕고 위로할 때 무척이나 고마울 것이요 또한 나에게 죄를 지은 사람이 회개할 때 너그럽게 용서한다면 얼마나 고맙게 여길까를 생각하고 주님처럼 짐을 져 주는 일로 서로 사랑해야 합니다.

[土] 다투지 말라 (약 3:14-16) 찬송342(통395)

다툼(헬, 에리데이아)은 음모를 가지고 싸우는 것을 말합니다. 사도 바울은 고린도 교회를 방문할 때 그들이 다투고 시기하고 당을 짓는 등의 혼란이 있을까 두려워한다고 말합니다(고후 12:20). 성도들이 서로 조심할 것은 상대방을 자극하고 화가 나도록 말하는 것을 삼가야 합니다. 항상 자기 절제의 훈련이 필요한데 성령의 능력으로 열매 맺을 수 있습니다(갈 5:23). 본문에 보면 다툼이 있는 곳에는 모든 악한 것이 있다고 했습니다. 자기의 주장만을 내세우는 어리석은 변론을 버려야 합니다(딤후 2:23).

36 • 기도해야 할 이유

[월] 기도는 영혼의 호흡이기에 (롬 12:12) 찬송364(통482)

우리의 육신의 호흡이 끊어지면 살아있는 사람이 아닙니다. 마찬가지로 우리 영혼이 생명이 되신 하나님을 찾는 기도를 하지 않는다면 영적인 호흡이 멈추어진 사람입니다. 인간적인 방법으로는 세상을 이길 수 없고 끊임없이 기도해야 소망 중에 즐거워하며 환난을 이길 수 있습니다. 항상 힘쓴다(헬, 프로스카르테룬테스)는 말은 전적으로 충실하다, 혹은 끊임없이 관심을 갖는다는 의미입니다. 육신으로는 다른 일을 하지만 영혼은 항상 하나님과 연결되어 교통을 하고 있는 상태를 말합니다. 성령이 임마누엘로 내 속에 항상 계셔야 합니다.

[화] 죄를 용서받기 위해 (시 51:5) 찬송252(통184)

모든 인간은 죄인입니다. 의인은 없나니 하나도 없다고 했습니다.(롬3:10) 그러므로 천국에 들어갈 수 있는 구원을 받기 위해서는 이 죄를 씻어줄 대속 자가 필요한 것입니다. 인간 스스로는 죄를 씻을 수 없기 때문입니다. 그래서 우리의 죄를 대신 짊어지고 죽으셨다가 살아나실 예수님이 필요한 것입니다. 그는 근본 하나님이시기에(빌 2:6) 우리 대신 죽으시고 살아나실 수 있었습니다. 이를 믿는 모든 사람이 구원을 받게 되는데 어머니로부터 이어진 원죄로부터 해방되고 스스로 짓는 죄도 통회하고 기도함으로 정결하게 되도록 해야 합니다.

[수] 질병 치유를 받기 위해 (약 5:14-16) 찬송471(통528)

예수님께서 이 땅위에 계실 때 수많은 병든 사람들을 불쌍히 여기시고 고쳐주셨습니다. 또한 제자들에게도 더러운 귀신을 쫓아내며 모든 병과 약한 것을 고치는 권능을 주셨다고 했습니다(마 10:1). 본문에는 병든 자는 교회의 장로들(현재의 목회자)을 청하여 기도함으로 낫게 하라는 것입니다. 믿음의 기도는 병든 자를 구원한다고 말씀 합니다. 하나님의 능력을 보려면 반드시 믿음으로 구해야 합니다. 병든 자에게 손을 얹은즉 낫게 되는 것도 믿음이 있어야 합니다(막 16:17,18). 기도하고 구하는 것은 이미 받은 줄로 믿어야 합니다(막 11:24).

[목] 하나님과 항상 가까이 하기 위해 (시 91:14) 찬송338(통364)

사랑하는 사람일수록 가깝게 지냅니다. 하나님도 우리를 가까이 부르시고 함께 하시기를 원하십니다. 그래서 그 이름을 임마누엘이라고 하셨습니다(마 1:23). 하나님이 우리와 함께 계신다는 뜻입니다. 그만큼 우리를 사랑하시고 계신 것입니다. 그런데 우리는 하나님에게서 멀리 도망가려고 합니다. 죄 많은 나를 용서하시고 함께 동거하시려는데 기도를 하지 않습니다. 예수님 부활하신 후에 갈릴리 바다에서 제자들을 만나실 때 베드로에게 네가 날 사랑하느냐 물으십니다. 날 배신하지 말고 함께 하자는 의미이기도 합니다(요 21:15-19).

[금] 하나님의 뜻을 알기 위해 (롬 12:2-13) 찬송549(통431)

우리가 믿음 생활하는 가운데 잘못을 저지르는 것이 많지만 흔한 것은 자신의 뜻대로 일을 만들어 놓고 그것이 하나님의 뜻이었다고 둘러대는 것입니다. 하나님의 뜻과는 전혀 관계가 없는 것인데 하나님을 모독하는 말을 합니다. 우리는 항상 어떤 일들을 할 때에 먼저 하나님께 기도하여 하나님의 뜻을 여쭈어야 합니다. 그것이 선한 것인지 악한 것인지 하나님께 영광이 될 것인지 영광을 가릴 것인지 등등 여러 면으로 기도하고 결정해야 합니다. 또한 하나님의 뜻이요 혹은 계시라고 함부로 말해도 안 됩니다. 거짓이 될 때가 많습니다.

[토] 성령의 도우심을 따라 기도해야 (롬 8:26-28) 찬송190(통177)

성령님은 우리와 항상 함께 계셔서 우리의 생각을 감찰하시고 알고 계십니다. 또한 이모저모로 인도하십니다(요 14:26). 우리의 생각이 연약하고 부족하기 때문입니다. 그래서 성령님은 우리를 위해 친히 간구하시고 도와주시는 것입니다. 우리가 기억해야 할 것은 하나님을 사랑하고 그의 뜻대로 부르심을 입은 자들에게는 모든 것이 합력하여 선을 이루게 된다는 것입니다. 하나님은 항상 선하시기에 결과가 선하게 나와야 하는 것입니다. 잘못된 결과도 하나님의 뜻이었다고 해서는 안 됩니다. 항상 성령 안에서 기도해야할 이유입니다.

37 • 기도의 목적

[월] 하나님의 뜻을 알기 위하여 (욥 42:1-6) 찬송516(통265)

동방의 의인이었던 욥은 하나님의 사랑을 받은 인물입니다. 이를 시기한 사탄이 욥의 친구인 엘리바스와 빌닷과 소발을 통하여 논쟁을 벌이게 하고 욥이 당하는 환란과 고통을 지적하는데 욥은 자기를 변호 하다가 자신의 부족함을 깨닫고 회개하면서 이토록 고통 가운데 두신 하나님의 뜻이 무엇인지를 알려 달라고 기도를 합니다. 결국 회개하는 욥의 모습을 보시고 전에 거두어 가셨던 가축들과 귀한 자녀들을 전보다 갑절로 복을 주십니다. 이처럼 우리도 생각하지 못했던 환란과 어려움을 당할 때 기도함으로 해결 받을 수 있습니다.

[화] 순종하는 삶을 살기 위해 (시 119:5, 10) 찬송425(통217)

우리가 기도하지 않으면 어떤 것이 옳은 것인지 틀린 것인지를 잘 모릅니다. 잘못된 것을 옳은 줄 알고 열심을 낼 때가 있는 것입니다. 선하신 하나님의 말씀을 순종하기 위해서 항상 기도해야 합니다. 사람을 지으신 하나님께서 우리 마음에 역사하셔서 이모저모의 형태로 응답하실 것입니다. 직접 말씀으로 응답하시는 것이 아니라 사람을 통해서 혹은 만물에 보여지는 것을 통해서 마음에 확신을 주시고 기쁨의 응답을 주십니다. 성경적으로나 윤리적으로나 마음에 기쁨과 감동이 있을 때 이를 붙들고 기도하면서 순종해야 합니다.

[수] 영혼의 소성을 위해 (시 119:25, 88) 찬송 428(통488)

하나님을 믿는 믿음을 가지고 살아도 눈에 보이는 세상의 욕심을 완전히 떨쳐 버릴 수 있는 것은 아닙니다. 각가지 유혹이 우리를 괴롭힐 때가 많은 것입니다. 시편 기자는 세상적인 타락을 진토에 붙었다고 말합니다. 하나님을 저버리고 세상일에 집착하여 사는 것을 의미합니다. 이를 깨달은 시인은 자신의 영혼이 주의 말씀으로 살아나게 해 달라고 기도합니다. 그렇게 해 주시면 주님께서 주신 교훈들을 열심히 지키겠다고 고백합니다. 사람은 누구나 부족하고 연약하기 때문에 죄에 빠져 괴로울 때가 있습니다. 기도해야 할 것입니다.

[목] 죄를 용서받기 위해 (시 51:2–5) 찬송274(통332)

다윗 왕이 그의 생애에 큰 오점을 남긴 것은 자기에게 충성을 다 하고 전쟁터에서 자기를 위해 싸우고 있는 군인 우리아의 아내를 간음한 것이요 또한 우리아도 전장 일선에서 죽게 만든 것입니다. 하나님은 나단 선지자를 보내셔서 이를 꾸짖으실 때 다윗 왕은 나의 죄악을 말갛게 씻어 깨끗하게 해 달라는 간절한 기도를 올립니다. 그리고 내 속에 깨끗한 마음을 창조하시고 정직한 영으로 새롭게 해 달라는 기도를 합니다. 이 세상은 이뿐 아니라 우리를 유혹하는 수많은 죄악들이 우리의 욕심을 유혹합니다. 근신하고 살아야 합니다.

[금] 환란에서 구원 받기 위해 (출 32:9–14) 찬송336(통283)

애굽에서 고통을 당하는 이스라엘 백성들을 인도하여 나온 모세가 하나님의 부르심으로 시내산을 오르게 됩니다. 그가 산에서 내려오지 않고 지체하게 되자 아론을 충동하여 송아지 우상을 만들게 합니다. 하나님은 모세에게 산을 내려가라고 명령을 하십니다. 그리고 모세에게 이 백성을 보니 목이 뻣뻣한 백성이라 하시며 전멸시키려 하십니다. 이에 모세가 간절히 기도합니다. 이들이 모두 죽게 되면 애굽 사람들이 이스라엘을 모두 죽이려고 하나님이 데리고 나갔다고 조롱할 것이니 화를 내리지 말아 달라고 기도하여 응답을 받습니다.

[토] 사업 확장을 위하여 (대상 4:9, 10) 찬송384(통434)

본문에 나오는 인물은 유다 지파의 야베스 가족의 시조인데 그의 어머니가 수고로이 낳았다고 해서 붙여진 이름입니다. 그는 하나님께 기도하기를 주님께서 내게 복을 주시려거든 나의 지역을 넓히시고 주님의 손이 나를 도와주셔서 나로 하여금 환난을 벗어나 내게 근심이 없게 하여 달라고 구하니 하나님께서는 그의 기도를 들어 주셨습니다. 이토록 우리 사업의 확장이나 번영을 위해서 기도할 필요가 있습니다. 자신의 욕심이나 정욕을 위해서가 아니라 주님의 영광을 위해서 꼭 필요한 것을 구할 때에는 주저하지 않으십니다.

38 • 기도의 응답을 받은 예

[월] 교회가 부흥 됨 (행 2:42-47) 찬송351(통389)

예루살렘 초대교회 때에 120명의 성도들이 모여 열심히 기도할 때에 성령을 받게 됩니다. 성령을 받은 사람들은 사랑이 넘치고 기쁨이 넘치는 생활을 하게 됩니다. 자기의 소유를 팔아 이웃을 도와주고 많은 사람들로부터 칭찬을 받았고 교회는 날로 부흥하여 구원받는 사람들이 많아지게 되었습니다. 우리는 이토록 입술로만 사랑하고 입술로만 전도할 것이 아니라 행동으로 보여주는 삶을 살아야 하는데 그렇게 되기 위해서는 항상 주님 앞에 무릎을 꿇고 기도를 하고 성령 충만함을 받아야 이러한 능력 있는 삶을 살 수 있습니다.

[화] 비를 내리고 그치게 함 (약 5:17, 18. 왕상 17장, 18장.) 찬송365(통484)

이스라엘의 선지자 엘리야는 기도의 능력자인데 성경에 보면 죽은 과부의 아들을 기도하여 살리기도 하고 바알 선지자들과 겨루어 하나님께 기도하여 하늘에서 불을 내리기도 하며 3년 6개월 동안 물 한 방울 내리지 않던 땅에 기도하여 비를 내리게 했던 기도의 사람입니다. 엘리야도 우리와 같은 성정(헬, 호모이오파데스. 지정의)을 가진 사람인데 그토록 믿음으로 기도하여 하나님의 능력을 보여 주었습니다. 우리도 살아계신 하나님의 능력을 의지하고 믿음으로 기도하여 주어진 많은 일들을 나타내어야 할 것입니다(막 11:23, 24).

[수] 생명 연장을 받음 (사 38:1-8) 찬송383(통433)

하나님의 말씀을 전하는 이사야 선지자의 명령을 거부한 히스기야 왕이 병들어 죽게 되었을 때 히스기야 왕이 그동안 주님 앞에서 선히 행하였던 것을 기억해 주시기를 바라고 용서하여 달라고 심히 통곡하며 우는 것을 보신 하나님은 왕의 기도를 들으시고 그의 수명을 15년 연장시켜 주십니다. 진정으로 회개하며 용서를 구할 때 하나님은 응답해 주십니다. 우리가 이 세상에서 오래 사는 것이 목표는 아니지만 하나님의 진노로 생명을 거두어 가신다면 결코 바람직한 죽음은 아닐 것입니다. 항상 말씀 순종하기를 위해 기도해야 합니다.

[목] 전쟁을 이기게 됨 (출 17:11-16) 찬송359(통401)

이스라엘 백성이 적군인 아말렉 군사들과 전쟁을 할 때 모세는 총 지휘하는 입장에서 두 손을 들고 하나님 앞에 기도를 합니다. 손을 들고 기도를 하면 이스라엘이 승리를 하고 손을 내리게 되면 후퇴를 하게 됩니다. 이에 아론과 훌이 돌을 가져다 모세를 앉아 있게 하고 두 사람이 각기 팔 하나씩을 내려오지 못하도록 붙잡아 줌으로 승리하게 됩니다. 이토록 하나님을 의지하는 믿음의 기도는 전쟁에서도 승리하게 만듭니다. 영광의 왕이 누구시냐 강하고 능한 여호와시요 전쟁에 능하신 여호와 시로다(시 24:8). 아-멘

[금] 하나님의 진노를 그치시게 함 (민 11:1, 2) 찬송348(통388)

이스라엘을 자기 백성으로 삼으신 하나님은 젖과 꿀이 넘치는 가나안 땅으로 그들을 인도하십니다. 전능하신 하나님을 모시고 행진하는 이들은 굳건한 믿음을 가지고 항상 자신들을 지켜 인도하실 것을 굳게 믿고 순종만 하면 되는데 목이 마르다, 고기가 먹고 싶다. 하는 불평불만을 쏟아내고 심지어는 송아지 우상을 만들어 숭배하기도 합니다. 모세는 그때마다 기도를 함으로 이스라엘을 향하신 하나님의 진노를 막는 기도를 합니다. 본문에 시내반도 남쪽 다베라에서 이스라엘 진 끝을 불살라 심판하시는 것을 기도함으로 그치게 됩니다.

[토] 기도함으로 꿈을 해석함 (단 2:23-30) 찬송490(통542)

바벨론의왕 느부갓네살이 어느 날 꿈을 꾸었었는데 꿈의 내용이 생각나지 않게 되자 유명한 박수와 술객들을 불러 그 꿈을 알아내라는 것입니다. 꿈을 일러주면 해석해 주겠다는 그들에게 엄명을 내리지만 기억 밖으로 사라진 꿈을 일러주는 사람이 없게 되자 다니엘이 불려가게 되고 시간을 얻어 간절히 하나님께 기도함으로 알게 되었고 해석까지 함으로 그는 국무총리가 되는 기회를 얻게 됩니다. 하나님의 섭리로 이루어진 일입니다. 왕이 꾼 꿈을 기도함으로 알게 된 이 사건은 하나님께서 다니엘과 이스라엘을 위해 행하신 뜻입니다.

39 • 기도 응답 받지 못하는 경우

[월] 의심하기 때문에 (약 1:5–8) 찬송542(통340)

무엇이든지 기도하고 구하는 것은 받은 줄로 믿으라 그리하면 너희에게 그대로 되리라고 주님께서 말씀하셨습니다(막 11:24). 열심히 기도해 놓고 정말 이루어질지 아닐지 궁금할 때가 많습니다. 절반은 믿고 절반은 안 믿는 때가 많습니다. 내가 잘못 구하여 이루어지지 아니할 것이야 라고 의심한다면 그것은 틀림없이 이루어지지 않을 것입니다. 확신이 설 때에 기도하는 방법이 지혜로운 것입니다. 오직 믿음으로 구하고 조금도 의심하지 말라고 권면하고 있습니다. 믿음으로 기도했다면 끝까지 믿음을 가지고 기다리는 것이 필요합니다.

[화] 정욕으로 쓰려고 잘못 구하기 때문에 (약 4:3) 찬송544(통343)

하나님은 의의 하나님이시요 선하신 분입니다. 하나님의 성품에 맞는 기도가 필요합니다.

악한 것과 자기의 정욕을 위하여 달라고 하는 것은 잘못된 것입니다. 하나님께 영광이 되고 우리 이웃에게 유익이 된다면 받을 수 있다는 확신도 설 것이요 기도가 이루어질 것입니다. 정욕의 의미는 자신의 기쁨과 만족을 의미합니다. 자신의 욕심을 채우기 위해 기도하지 마십시오 우리가 이 세상에 존재하고 하나님의 인도하심을 받는 이유는 오직 하나님 사랑과 이웃을 사랑하라고 택하심 받은 것을 믿어야 하고 이를 이룰 때 상급을 받게 될 것입니다.

[수] 죄악 때문에 (시 66:18) 찬송254(통186)

우리의 마음에 죄악을 품고 있으면 주님께서 듣지 않으십니다. 먼저 자신의 마음을 돌아보아 깨끗한 마음을 가지고 기도해야 합니다. 이사야서 59:2절에 오직 너희 죄악이 너희와 너희 하나님 사이를 갈라놓았고 너희 죄가 그의 얼굴을 가리어서 너희에게서 듣지 않으시게 함이니라 했습니다. 우리의 죄가 생각나면 곧바로 회개하고 깨끗한 심정으로 구하십시오 하나님과 나 사이의 죄의 담을 헐어 버리기 바랍니다. 하나님께서 하지 말라는 것은 기쁨으로 순종할 때 하나님께서 기뻐하시고 흔쾌히 우리의 간구를 들어 주실 것입니다.

[목] 불순종 때문에 (신 1:34-45) 찬송540(통219)

하나님께서 이스라엘을 핍박을 받던 애급에서 탈출시켜 젖과 꿀이 넘치는 가나안 땅으로 인도하십니다. 그러나 이스라엘은 불평과 원망을 합니다. 가나안 땅에 들어가기 전에 정탐꾼을 보내어 탐지하게 했는데 여호수아와 갈렙 두 사람만 가나안은 하나님께서 말씀하신 대로 복된 땅이라고 보고하는데도 부정적인 10명의 정탐꾼의 거짓말만 믿고 불평을 해 이스라엘 제1세대의 사람들은 그 땅에 못 들어가고 죽게 하시며 자녀들만 들어갑니다. 여호수아와 갈렙처럼 순종할 때 기도를 들으시고 천국에 들어갈 수 있다는 교훈을 주신 것입니다.

[금] 교만함 때문에 (눅 18:10-12) 찬송534(통324)

본문에 바리새인과 세리 두 사람이 기도하러 성전에 들어갑니다. 바리새인은 세리와 따로 서서 자기 자랑하는 기도를 합니다. 하나님이여 나는 다른 사람들 곧 토색, 불의, 간음을 하는 자들과 같지 아니하고 이 세리와도 같지 아니함을 감사하나이다. 나는 이레에 두 번씩 금식하고 또 소득의 십일조를 드리나이다. 라고 기도했지만 세리는 멀리 서서 감히 눈을 들어 하늘을 쳐다보지도 못하고 다만 가슴을 치며 이르되 하나님이여 불쌍히 여기소서 나는 죄인이로소이다. 두 사람 중 의롭다고 인정받은 기도는 겸손한 세리의 기도였습니다.

[토] 하나님의 교훈을 업신여김으로 (잠 1:24-30) 찬송546(통399)

하나님의 말씀은 항상 귀하게 여기고 마음속 깊이 듣고 새겨야 합니다. 하나님의 교훈을 듣지 아니하고 멸시한다면 그가 어려움을 당할 때 부르짖어 기도해도 응답을 받지 못합니다. 오히려 하나님은 웃으신다고 하셨습니다. 그들에게는 두려움이 광풍같이 임하고 재앙이 폭풍같이 이르고 근심과 슬픔이 임하게 되는데 그때 하나님을 부르고 부지런히 하나님을 찾아도 만나지 못한다는 것입니다. 우리는 항상 주님의 말씀에 귀를 기우리고 주시는 교훈을 귀하게 받들고 책망을 들을 때에는 회개하고 바로 잡아 나가야 합니다.

40 • 기도할 때의 자세

[월] 무릎을 꿇고 기도함 (눅 22:39-43) 찬송361(통480)

우리가 하나님 앞에 기도를 할 때에 어떠한 자세로 기도할 것인가에 대하여 가장 우선 갖추어야 할 태도는 겸손한 마음일 것입니다. 몸이 어떠한 자세를 취해야 할 것이냐 하는 것보다는 하나님을 향한 간절한 마음과 진실된 마음의 자세가 중요한 것입니다. 또한 거기에 걸 맞는 태도도 필요하기 때문에 성경에 나타난 기도하는 사람의 자세를 살펴봅니다. 본문에는 예수님께서 무릎을 꿇고 기도하신 장면을 볼 수 있습니다. 기도하는 사람들의 가장 기본이 되는 자세인 것입니다. 기도를 받으실 하나님에 대한 경의와 겸손의 표현인 것입니다.

[화] 머리를 숙여 기도함 (출 12:27) 찬송368(통486)

여호와 하나님께서 회막(이스라엘 모임의 장소, 하나님의 지성소가 있는 성막과는 다름) 문에서 모세와 말씀 하실 때 백성들은 각기 서서 예배했다고 했습니다. 서서 기도하는 장면도 있습니다(출 33:10). 금송아지에 예배하던 이 백성이 회개하고 기도의 응답을 받는 장면입니다. 본문은 이스라엘이 애굽에서 나올 때 하나님께서 명령하신 대로 양을 잡아 그 피를 문설주와 인방에 바르게 하여 구원해 주신 유월절을 기념하라는 말씀을 듣고 머리를 숙여 기도합니다. 우리를 위해 유월절 양으로 피 흘리신 예수님을 항상 기억해야 합니다.

[수] 가슴을 두드리며 기도함 (눅 18:10-14) 찬송365(통484)

우리가 믿음의 생활을 할 때 가장 바람직한 자세는 하나님 앞에서나 사람들 앞에서 항상 겸손해야 한다는 것입니다. 하나님 앞에서의 기도 역시 저는 부족했지만 하나님께서 저를 도우셔서 인도하셨습니다. 하고 하나님을 높여 드리는 것이지 자기의 잘난 것을 자랑하는 것이 아닙니다. 자기의 자랑을 늘어놓은 바리새인을 외면하시고 나는 죄인입니다. 라고 말하며 눈을 들어 하늘을 쳐다보지도 못하고 가슴을 치며 기도하는 세리의 진심 어린 회개의 모습은 하나님의 마음을 움직여 죄 사함을 받게 되며 오히려 칭찬을 받게 만들었습니다.

[목] 손을 들고 기도함 (딤전 2:8) 찬송369(통487)

전통적인 유대인들의 기도 자세는 서서 손을 들고 손바닥을 위로 향하여 펴는 것입니다(왕상 8:38). 또한 무릎을 꿇고 엎드리는 것, 땅위에 완전히 엎드려 기도하는 것 등이 있습니다. 본문에서 거룩한 손이라는 뜻은 시비와 다툼이 없고 분노하는 마음도 버리고 안정된 마음과 정결한 생활을 하는 가운데 기도하라는 것입니다. 불의를 행한 손을 들고 기도하면 의롭고 거룩하신 하나님을 모독하는 행위가 되기 때문에 하나님이 듣지 않으신다는 것입니다(사 1:15). 항상 우리의 마음을 잘 다스려 거룩함에 두고 주님과 소통해야 할 것입니다.

[금] 엎드려 기도함 (마 26:39) 찬송364(통482)

예수님께서 잡혀가시던 날 밤에 겟세마네 동산에서 기도하실 때 얼굴을 땅에 대시고 엎드려 기도하신 모습을 볼 수 있습니다. 이 모습은 이스라엘 민족 지도자인 모세가 기도한 모습을 떠 올리게 합니다. 출애굽기 34:4-9에 보면 하나님께서 명령하신 대로 두 번째 돌 판을 만들어 시내 산을 올라갔을 때 자신을 여호와라 일러 주시면서 나는 자비롭고 노하기를 더디 하고 인자와 진실이 많은 하나님이라고 말씀하시니 모세가 급히 땅에 엎드려 경배하며 기도를 합니다. 우리의 악과 죄를 사하시고 동행하여 달라는 것입니다.

[토] 소리 없이 기도함 (삼상 1:12-18) 찬송370(통455)

한나라는 여인이 슬하에 자녀가 없자 괴로운 나머지 여호와의 전을 찾아갑니다. 오래 기도하는 중에 지치게 된 한나는 속으로 말하고 음성은 들리지 않았습니다. 엘리 제사장이 한나가 술에 취한 줄 착각하고 포도주를 끊으라고 말합니다. 한나는 자기의 원통함의 자초지종을 말할 때 엘리 제사장은 네가 구한 것을 이스라엘의 하나님이 허락하시기를 원하노라 하며 평안한 마음으로 보냅니다. 결국 한나의 기도는 이루어졌고 사무엘이라는 귀한 아들을 얻게 됩니다. 때 없이 성령 안에서 하는 간절한 마음의 기도가 응답을 받습니다(엡 6:18).

41 • 기도할 때의 올바른 마음

[월] 진실과 경외하는 마음으로 (시 145:18, 19) 찬송463(통518)

진실(히, 에메트)이라는 말의 의미는 올바르다 혹은 견고하다는 뜻인데 응답받을 것을 확신하고 기도하는 사람을 말합니다. 경외(히, 야레) 한다는 말은 하나님의 임재 의식을 가지고 두려워하고 존경하는 마음을 말하는데 이런 마음으로 기도하는 사람의 기도를 들어 주신다는 것입니다. 다윗은 자신이 경험하고 느낀 신앙적인 체험을 고백하고 있는 것입니다. 하나님 경외함의 보상은 재물과 영광과 생명이라고 했습니다(잠 22:4). 우리는 하나님 앞에서 그의 응답하심과 능력 많으심을 믿고 진실함과 경외의 마음을 가지고 기도해야 합니다.

[화] 믿는 마음으로 (마 21:22) 찬송364(통482)

'무엇이든지' 라는 말은 불의한 것 혹은 욕심으로 구하는 것(약 4:3) 등은 포함되지 않습니다. 하나님의 영광을 위한 것과 이웃을 유익하게 하고 하나님의 성품인 선한 것은 틀림없이 주심을 믿고 기도해야 합니다. 믿고 기도할 때 모두 받게 됩니다. 선한 이는 오직 한 분이시라 하셨습니다(마 19:17). 예수님도 삼위일체 하나님이시기에 이에 포함되는 것을 기억해야 합니다. 여호와 하나님은 이 세상 우주 만물을 창조하신 창조주로 전능하신 분입니다. 예수님도 창조에 함께 하셨고 많은 권능을 이 땅에서 계실 때 보여 주셨습니다(요 1:1-5).

[수] 순결한 마음으로 (시 66:18, 19) 찬송369(통487)

기도하는 사람이 죄악을 마음에 품고 해서는 안 됩니다. 이 말은 죄악을 사모하며 죄에 대한 강렬한 욕구와 소망을 가지고 기도하는 것은 응답받을 수 없다는 것입니다. 여호와는 악인을 멀리하시고 의인의 기도를 들으신다(잠 15:29)고 하셨습니다. 우리는 항상 하나님께서 우리의 마음을 감찰하심을 믿고 영과 진리로 예배드리고 기도해야 할 것입니다(요 4:24). 성령 안에서 깨어 기도하기에 힘을 써야 합니다(엡 6:18). 너희가 내 안에 거하고 내 말이 너희 안에 거하면 무엇이든지 원하는 대로 구하라 그리하면 이루리라(요 15:7)

[목] 온 마음으로 (렘 29:12,13) 찬송391(통446)

이스라엘 백성들이 바벨론으로 잡혀간 후에 70년이 차면 다시 고향으로 귀환시켜 주실 것을 작정하신 하나님은 이를 계획하시고 섭리하시면서도 귀환을 위해 기도하라고 하십니다. 이들의 기도로 이루어짐을 체험하게 하시며 기도의 중요함을 알게 하십니다. 하나님의 작정하심과 섭리하심이 성도들의 기도로 성취됨을 보여 주시고 우리와 교통하길 원하십니다. 우리가 어려운 일이나 괴로운 일을 만날 때에는 해결해 주시기 위해 기도하라고 기회를 주신다고 생각하고 전심(온 마음)으로 기도하고 응답 받는 기쁨을 맛보시길 바랍니다.

[금] 회개하는 마음으로 (대하 7:12-15) 찬송365(통484)

솔로몬이 하나님의 성전을 건축하고 자신이 거할 왕궁을 건축합니다. 왕궁 건축을 마친 어느날 밤 꿈에 하나님께서 솔로몬에게 나타나십니다. 네가 내게 제사할 처소를 지었으니 혹시 내가 하늘을 닫고 비를 내리지 않거나 혹시 메뚜기로 토산을 먹게 하거나 혹시 염병으로 내 백성 가운데 유행하게 할 때에... 내 백성이 그 악한 길에서 떠나 스스로 겸비하고 기도하여 내 얼굴을 구하면 내가 하늘에서 듣고 그 죄를 사하고 그 땅을 고쳐 주시리라는 것입니다. 백성의 죄로 인한 재앙이 회개를 함으로 회복됨을 우리에게도 일러 주고 계십니다.

[토] 용서하는 마음으로 (마 6:14, 15) 찬송370(통455)

우리가 항상 입술에 올리는 기도는 주님께서 가르쳐주신 기도입니다. 그중에 우리가 우리에게 죄지은 자를 사하여 준 것 같이 우리의 죄를 용서해 달라는 것입니다. 예수님께서 십자가에 못 박혀 죽으실 때에 아버지 저들을 사하여 주옵소서 자기들이 하는 것을 알지 못함이니이다(눅 23:34). 하시며 자기를 희롱하고 못 박아 죽이는 사람들을 용서해 달라는 예수님의 기도에서 원수도 사랑하고 용서하시는 예수님의 참모습을 볼 수 있습니다. 원수까지도 사랑할 수 있다면 성령의 사랑의 법을 이룬 사람입니다. 온 율법을 이룬 사람입니다.

42 • 하나님만 찬양하라

[월] 찬양 받으실 분은 오직 여호와 하나님 (대상 16:25-28) 찬송19(통44)

찬송, 찬양, 찬미, 송축 등은 비슷한 의미를 가지고 있기에 의미를 생략합니다. 모든 인간은 하나님께서 만드셨기에 마땅히 하나님을 찬양해야 합니다. 마귀나 귀신은 찬양받을 대상이 아닙니다. 다른 피조물이나 물건도 찬양의 대상이 아닙니다. 시 113:3,4에 해 돋는 데에서부터 해지는 데에까지 여호와의 이름이 찬양을 받으시리로다. 여호와는 모든 나라보다 높으시며 그의 영광은 하늘보다 높으시다. 라고 말합니다. 열방의 모든 나라 사람들이 지극히 높으시며 우주 만물을 지으신 하나님만 찬양해야 할 것을 말하고 있는 것입니다.

[화] 하나님의 이름이 찬양받아야 합니다. (시 72:17-19) 찬송23(통23)

각기 가지고 있는 사람의 이름은 그의 실체를 나타내고 있듯이 여호와의 이름도 하나님의 실체를 대변하고 있습니다. 삼위일체 하나님 중, 하나이신 독생자 예수님도 마찬가지입니다. 이 여호와의 이름이 영원하다고 말씀하고 있습니다. 영원하신 그의 이름을 찬양해야 합니다. 유대인들은 여호와라는 이름을 쓰게 되면 깨끗이 목욕을 하고 썼다고 합니다. 항상 우리는 창조주 하나님의 이름을 가볍게 생각해서는 안 됩니다. 성부 여호와, 성자 예수님, 그리고 이들 하나님의 영을 지칭하는 보혜사, 삼위일체 하나님을 찬양해야 해야 합니다.

[수] 즐겁게 찬양해야 합니다 (시 98:4) 찬송27(통27)

너희 중에 고난당하는 자가 있느냐 그는 기도할 것이요 즐거워하는 자가 있느냐 그는 찬송할지니라(약 5:13) 했습니다. 찬양은 하나님께서 영광 받으실 기쁜 마음으로 해야 합니다. 본문에도 온 땅이여 여호와께 즐거이 소리칠지어다. 소리 내어 즐겁게 노래하며 찬송할지어다. 라고 했습니다. 골수와 기름진 것을 먹음과 같이 나의 영혼이 만족할 것이라 나의 입이 기쁜 입술로 주를 찬송 한다고 다윗은 고백하고 있습니다. 억지로 찬양 하거나 마지못해 하는 찬양이 아니라 마음에서 우러나오는 기쁨으로 하나님을 찬양해야 합니다.

[목] 감사함으로 찬양해야 합니다 (시 100:3,4) 찬송40(통43)

여호와여 내가 만민 중에서 주께 감사하고 뭇 나라 중에서 주를 찬양할 것이라고 말합니다.(시108:3) 오직 우리가 항상 감사해야 할 대상은 하나님이십니다. 하나님은 감사를 잘하는 사람을 사랑하십니다. 감사로 제사를 드리는 자가 나를 영화롭게 하나니 그의 행위를 옳게 하는 자에게 내가 하나님의 구원을 보이리라(시 50:23) 했습니다. 사도 바울은 그리스도의 말씀이 너희 속에 풍성히 거하여 모든 지혜로 피차 가르치며 권면하고 시와 찬송과 신령한 노래를 부르며 감사하는 마음으로 하나님을 찬양하라고 말합니다(골 3:16).

[금] 영혼으로 찬양해야 합니다 (눅 1:46-48) 찬송25(통25)

본문의 말씀은 가브리엘 천사장으로부터 마리아의 몸에서 성령으로 잉태된 그리스도가 탄생되실 것을 전해 받고 너무 기쁜 나머지 이모인 엘리사벳에게 달려가 이 소식을 전하고 하나님을 찬양하는 모습인데 내 영혼이 주를 찬양한다고 말합니다. 온 인격, 전부를 말합니다. 마음 중심의 기쁨과 감사가 넘치는 찬양을 하고 있는 것입니다. 에베소서 5:18,19에 술취하지 말라 이는 방탕한 것이니 오직 성령으로 충만함을 받으라 시와 찬송과 신령한 노래들로 서로 화답하며 너희의 마음(성령 충만한 영혼)으로 주께 노래하며 찬송하라 했습니다.

[토] 악기로 찬양해야 합니다 (시 150:3-6) 찬송36(통36)

시편 기자는 위대하신 하나님은 어디든지 계시니 거기에서 찬양드릴 것을 말하며 나팔소리와 북을 치고 찬양하며 비파나 현악기도 사용하고 즐거움으로 춤을 추며 찬양하라고 합니다. 시 150편은 시편의 절정인데 살아있는 사람이라면 마땅히 하나님께서 베풀어 주신 은혜를 감사하며 혼신을 다 하여 찬양으로 영광을 돌려야 될 것을 말하고 있습니다. 물론 때를 맞추고 장소를 가려서 해야 할 일이지만 그만큼 하나님의 위대하심을 찬양하라는 것입니다. 하나님 여호와를 영원부터 영원까지 송축할지로다. 아멘(시 41:13).

43 • 하나님 찬양의 내용

[월] 하나님의 구원하심 (시 106:47) 찬송260(통194)

하나님을 찬송할 내용이 모든 사람마다 다르겠고 또한 괴롭고 어려울 때도 찬송해야 하겠지만(행 16:25) 기본적인 찬송의 내용을 시편에서 몇 가지만 찾아보기로 합니다. 제일 중요한 것은 우리에게 믿음을 주셔서 구원받게 하신 은혜입니다. 에베소서 2:8에 너희는 그 은혜에 의하여 믿음으로 말미암아 구원을 받았으니 이것은 너희에게서 난 것이 아니요 하나님의 선물이라 했습니다. 사람의 가장 큰 성공은 짧은 세상을 떠나 영원한 천국에 들어가는 것이요 천국에서 근심 걱정과 고통 환란이 없이 주님 모시고 영원히 사는 것입니다.

[화] 하나님의 도우심 (시 42:5) 찬송383(통433)

본문과 같은 내용이 11절에도 시 43:5에도 반복되고 있습니다. 사람은 누구나 약해지고 어려움을 당할 때가 많습니다. 어떻게 해야 할지 막막할 때가 많은 것입니다. 힘이 없는 어린아이라도 의지하고 싶을 때가 있는 것입니다. 이럴 때에 전능하신 하나님께 기도하여 도우심을 받을 때가 참으로 많습니다. 시편 121편 1,2절에 내가 산을 향하여 눈을 들리라 나의 도움이 어디서 올까 나의 도움은 천지를 지으신 여호와에게 서로다. 라고 했습니다. 천지를 지으신 하나님의 도우심이라면 해결하지 못할 것이 없습니다. 항상 도우심을 찬양합시다.

[수] 하나님의 권능 (시 21:13) 찬송79(통40)

전자에도 보았듯이 우리가 믿는 여호와 하나님은 천지 우주 만물을 지으신 창조주이십니다. 전지전능하신 하나님이십니다. 그렇기에 우리는 하나님의 절대 권능을 항상 찬양해야 합니다. 그렇게 할 때 하나님은 매우 기뻐하시고 우리를 더 사랑하실 것입니다. 우리들도 사람들로부터 인정을 받고 칭찬을 받으면 더 가까워지게 되는 것과 같습니다. 그러나 자신의 약함을 모르고 잘난 척하면서 칭찬받고 인정받기를 원하는 사람들이 우리 주위에 많습니다. 하나님의 권능은 아무도 따라갈 수 없습니다. 절대적이십니다. 찬양해야 합니다.

[목] 하나님의 기적 (시 89:5) 찬송400(통463)

본문의 기이한 일이란 기적을 의미합니다. 우리는 우리가 도저히 할 수 없는 일이 이루어졌을 때 기적이 일어났다고 말합니다. 하나님은 아무리 생각해도 되지 않을 일을 되게 하셔서 우리에게 보여주시는 분입니다. 그렇기에 우리는 어려울 때마다 기도하여 주님께서 해결해 주시도록 합시다. 어려운 일, 괴로운 일, 감당하지 못할 일이 있으면 항상 찬송하고 기도하여 하나님께서 베푸시는 기적을 체험하시기 바랍니다. 믿음으로 기도하고 기다려야 합니다. "할 수 있거든이 무슨 말이냐 믿는 자에게는 능치 못할 일이 없느니라(막 9:23)"

[금] 하나님의 인자하심과 정의로우심 (시 101:1) 찬송380(통424)

하나님은 자비로우시고 올바른 의를 행하시는 표준이 되시는 분입니다. 그의 인애와 자비는 수없이 보아 왔습니다만 정의는 생소한 면이 있는데 하나님의 절대적인 의를 말합니다. 이 세상의 보편적인 의는 절대 하나님의 의로 바꾸어야 논란이 없게 됩니다. 우리나라도 입법부인 국회에서 의의 법을 만들고 사법부에서 행하도록 했습니다. 그러나 잘못된 법을 만들어 절대적인 하나님의 말씀에 빗나간 법들이 있습니다. 모든 법들은 하나님의 말씀을 기본으로 해야 정의가 세워집니다. 정의의 법을 위해 기도하고 정의의 하나님을 찬양합시다.

[토] 하나님이 행하시는 일 (시 145:1-4) 찬송370(통455)

다윗왕은 하나님의 은총을 많이 입은 사람입니다. 그가 믿음이 약해지고 어려움이 있을 때마다. 하나님 앞에 간구하여 도우심을 얻었습니다. 경험을 많이 한 그는 주께서 행하시는 일을 크게 찬양한다고 고백합니다. 이토록 하나님께서 행하시는 일은 위대하십니다. 그래서 그는 왕이신 나의 하나님이시여 내가 주를 높이고 주의 이름을 엎드려 찬양한다고 말합니다. 마귀도 술수를 써서 사람들을 속이는 일도 하고 능력을 보이기도 하지만 결국은 잘못된 것이 들어나고 패망하게 됩니다. 사랑과 선한 것을 행하시는 하나님만 찬양해야 합니다.

44 • 성경을 읽어야 할 이유 (1)

[월] 마음에 평안을 얻을 수 있음 (엡 6:13) 찬송200(통235)

성경 말씀 안에는 마음이 상한 자를 고치며 포로 된 자에게 자유를, 갇힌 자에게 놓임을 선포하여 주시겠다는 약속의 말씀이 있습니다. 모든 죄악에서 구원하여 주실 그리스도께서 말씀으로(요 1:1) 이 땅 위에 오셔서 행하실 일들을 예언한 것입니다(사 61:1). 이 약속은 평강의 왕이신 예수그리스도의 강림으로 성취 되었습니다(요 14:27). 어지럽고 괴로운 세상 가운데서 진정한 평안을 얻으려면 말씀 속에 있는 이러한 말씀을 자꾸 보고 들어야 합니다. 시85편8절에도 그의 성도들에게 화평을 말씀하실 것이라 약속하셨습니다.

[화] 죄를 범하지 않게 됨 (시 119:9–11) 찬송199(통234)

시119편 101절에 내가 주의 말씀을 지키려고 발을 금하여 모든 악한 길로 가지 아니했다고 말합니다. 말씀을 열심히 보고 듣는 사람은 그 말씀을 따라 살려고 애를 쓰게 됩니다. 죄에 빠지지 않으려는 노력이 있게 됩니다. 그렇기 때문에 어렸을 때부터 열심히 말씀을 배우도록 해야 늙어서도 그 말씀을 떠나지 않게 되며 하나님의 자녀가 되는 것입니다(잠 22:6). 인간이 죄악에 빠지지 않는 유일한 비결은 말씀을 마음에 새기고 사는 것입니다. 요셉이 유혹을 물리쳤고(창 39:9) 다니엘과 세 친구도 시험을 이겼습니다(단 3:13-18,23).

[수] 지혜롭게 됨 (시 119:98,100) 찬송205(통236)

하나님의 말씀은 주의 백성을 인도하시고 지혜롭게 하십니다. 뱀의 지혜보다 더 지혜롭게 하셔서 원수 마귀를 이기게 하십니다. 사무엘하 17장에 하나님을 경외하는 후새와 그를 대적하는 아히도벨이 대립되었을 때 하나님께서는 후새에게 지혜를 더하셔서 아히도벨의 모략을 파괴 시키셨습니다. 원수들보다 더 큰 지혜를 주신 것입니다. 인간이 경험을 통해 쌓은 지혜보다 더 큰 것입니다. 성경은 지혜로 가득한 책입니다. 성경을 읽을 때 영감을 더하게 되고 지혜가 더하게 됩니다. 예수님께서 지혜와 능력이 되시기 때문입니다(고전 1:24).

[목] 기도에 힘을 얻게 됨 (요 15:7) 찬송202(통241)

마태복음 7:7,8에 구하라 찾으라 두드리라는 말씀이 있습니다. 이 모두 기도하라는 말씀인 것입니다. 그러나 기도하려고 아무리 힘을 쓰지만 제대로 되지 않을 때가 있습니다. 하나님과 나 사이에 죄악이 없는가 살펴야 합니다. 깨끗한 마음으로, 즉 성령께서 내 안에 계심으로 하나님과 교통하도록 해야 합니다. 또한 열심히 말씀을 읽고 감동을 받고 예수님의 영이 우리 속에 거하실 때 무엇이든지 구하면 응답해 주신다는 것입니다. 욕심과 정욕적인 것은 안 됩니다. 우리는 항상 구하기 전에 주님의 뜻에 합당한 것인가를 살펴야 합니다.

[금] 악을 이기게 됨 (요일 2:14) 찬송348(통388)

요한복음 17:3에 영생은 곧 유일하신 참 하나님과 그가 보내신 자 예수 그리스도를 아는 것이라고 말씀하셨습니다. 복음을 듣고 거듭 태어난 사람은 본문에 있는 대로 하나님을 알게 되고 영생을 얻은 것입니다. 그렇기 때문에 힘이 없는 어린아이와 같은 믿음이 아닌 성숙한 믿음을 가져야 합니다. 우리는 이 세상에서 영적인 전쟁을 하고 있는 청년이요 용사입니다. 악한 자와 싸워서 이길 수 있는 비결은 하나님의 말씀이 우리 속에 믿음으로 거하여야 합니다. 흉악한 마귀들과 싸워 이기기 위하여 말씀의 전신갑주를 입어야 합니다.

[토] 거짓 교훈을 분별하게 됨 (행 20:29-32) 찬송204(통379)

옛날이나 지금이나 하나님의 은혜의 말씀을 듣고 살아가려는 사람들에게는 악한 마귀의 유혹과 괴롭히는 일들이 따르게 됩니다. 초대 교회 때에는 영지주의 자들이 예수님은 죄 많은 육신으로 이 세상에 오신 것이 아니라 죄 없는 영으로만 오셨다고 속였습니다. 그럴듯한 말이지만 잘못된 것입니다. 육신으로 오셨어야 우리의 죄를 담당 하실 수 있는 것입니다. 인류의 모든 죄를 그의 몸에 짊어지고 죽으셔서 죄의 값을 치루시고(고전 6:19, 20), 본래 죄가 없으셨기에(히 4:15) 부활하셨고, 이를 믿는 모든 자에게 속죄의 은혜가 주어지는 것입니다.

45 • 성경을 읽어야 할 이유 (2)

[월] 예수님만이 생명 되심을 증거 하기 때문에 (요 5:39) 찬송96(통94)

예수님은 그를 따르는 자들에게 너희들이 성경을 통하여 영생을 얻는 줄 알고 연구하는데 이 성경이 곧 내게 대하여 증거 하고 있기 때문이라고 말씀하십니다. 복음의 가장 큰 핵심은 예수님이 생명이요 구원으로 통하는 길이요 진리가 되신다는 것입니다(요 14:6). 그러므로 그를 통하지 않고서는 생명도 없고 구원도 없다는 것을 명확하게 성경은 일러주고 있는 것입니다. 누구나 영원한 생명을 얻어 천국에서 살기를 원하지만 이 세상에 태어나 살고 간 사람 중에 영원한 생명을 준 사람이 없고 오직 예수님뿐입니다(요 5:24).

[화] 성령께서 깨닫게 하시기 때문에 (눅 24:32) 찬송190(통177)

예수님의 두 제자가 예루살렘에서 엠마오로 내려가다가 부활하신 예수님을 만나게 되지만 몰라봅니다. 예수님께서 풀어 주시는 성경 말씀을 듣고 감동받아 마음이 뜨거워집니다. 그들의 집에 들어가 떡을 떼실 때 예수님을 알아보지만 예수님은 순간적으로 이동하셨습니다. 성경은 이토록 성령의 감동으로 기록된 책입니다(딤후 3:16). 그래서 열심히 읽을 때 성령의 감동하심으로 말씀을 알고 깨닫게 됩니다(요 14:26). 지금은 뜻을 잘 모르지만 계속 읽다 보면 그 의미를 정확하게 알게 되고 믿게 되는 것입니다.

[수] 생명을 주시는 떡이기 때문에 (요 6:32-35) 찬송200(통235)

사람이 육신을 보존하기 위해서는 육신의 양식인 떡이나 밥을 먹어야 하듯이 영혼의 생명도 마찬가지입니다. 하나님께서 주시는 떡을 먹어야 합니다. 이스라엘이 애굽을 탈출했을 때 광야에서 굶주린 백성에게 하나님은 매일같이 하늘에서 만나를 내려 먹게 하셨고 힘을 얻게 하셨습니다. 우리도 영적으로 광야 같은 세상에서 매일 힘을 얻고 살아가려면 생명 양식을 매일 먹어야 합니다. 말씀 되시는 예수님은 자신을 하늘에서 내려온 생명을 주는 생명의 떡이요 참 떡이라고 하셨습니다. 말씀을 듣고 보기를 열심히 해야 합니다.

[목] 악한 자를 이기기 위해 (행 18:24, 28) 찬송202(통241)

성경에 능통한 아볼로라는 사람이 에베소에 왔을 때 예수님에 대하여 자세히 가르치고 그가 우리가 바라는 구세주 되심을 증거 합니다. 이어서 그는 아가야(그리스 남쪽 지방)로 가서 힘 있게 말씀을 가르쳐서 율법으로 구원을 받는다고 잘못 믿는 유대 사람들의 말을 이기는 장면이 나옵니다. 우리가 성경을 몰라서는 잘못된 이단자들과 싸울 수도 없고 더 나아가서 이길 수도 없기 때문에 생명의 말씀을 열심히 읽고 연구해야 합니다. 베뢰아에 있는 사람들은 데살로니가에 있는 사람들보다 날마다 더 성경을 상고했습니다(행 17:11).

[금] 예수님에 대한 약속이 있음 (롬1:2–4) 찬송205(통236)

우리에게 주시는 기쁜 소식인 복음은 하나님께서 많은 선지자들을 통하여 그의 아들 예수그리스도에 대하여 성경에 미리 약속하신 것이라고 했습니다. 예수님이 다윗의 혈통에서 탄생하실 것과 성결의 영이요 죄가 없으심으로 죽음에서 능히 살아나셔서 하나님의 아들로 선포되실 것 등등 수많은 예언으로 약속된 것이 그대로 어김없이 이루어짐으로 하나님의 신실하신 약속이 증거되었고 또한 그 남은 약속이 이루어지고 있는 것을 볼 때 이를 읽음으로 은혜가 넘치게 되기 때문에 새로운 마음을 가지고 항상 즐겨 읽어야 합니다.

[토] 구원에 이르는 지혜가 있음 (딤후 3:15) 찬송204(통379)

디모데는 믿음이 좋은 가정에서 태어난 인물입니다. 외할머니 로이스와 어머니 유니게가 믿음으로, 그들의 영향을 받아 디모데는 거짓이 없는 진실한 믿음의 소유자로 사도 바울은 칭찬을 합니다(딤후 1:3–5). 그리고 본문에서는 이토록 어려서부터 네가 성경을 배워서 오직 그리스도 안에 있는 믿음으로만 구원을 받게 됨을 알게 되었으니 앞으로도 구원의 지혜가 있는 말씀을 부지런히 상고하여 온전한 믿음을 유지하라는 권고의 말씀이 가득한 것입니다. 우리도 후히 주시고 꾸짖지 아니하시는 하나님께 지혜를 구해야 할 것입니다(약 1:5).

46 • 성경을 읽어야 할 이유 (3)

[월] 순결한 말씀이기에 (시 12:6) 찬송200(통235)

순결하다(히, 타호-르)는 의미는 순수하다는 뜻인데 육체적인 것이나 도덕적인 것이나 모든 것에서 정결하다는 의미입니다. 깨끗하다는 것입니다. 하나님의 말씀은 악한 것이 조금도 없는 순전한 말씀으로 도가니에서 일곱 번 즉, 완전히 불순물을 제거한 절대 진리의 말씀이라는 것입니다. 또한 잘못된 것이 조금도 없는 말씀이요 모든 사람이 이 말씀의 범주 안에서 살게 되면 하나님께서 원하시는 온전한 길을 갈 수 있기 때문에 성경 말씀을 부지런히 읽고 지켜 가야 합니다. 순수한 믿음의 사람이 되기 위해서 입니다.

[화] 방패가 되는 말씀이기에 (시 18:30) 찬송350(통393)

이 세상은 전쟁이 끊임없이 이어지고 있습니다. 평화의 왕이신 하나님을 배반한 마귀가 지배하는 땅이기에 그렇습니다. 그래서 우리 성도들은 전쟁터 같은 이 세상에서 계속 악한 마귀와 싸우며 살아가고 있는 것입니다. 대장 되신 예수님을 모시고 부단히 싸우고 있는 것입니다. 우리가 주님만 따라가면 두려워할 것이 조금도 없습니다. 십자가에 달려 죽으셨던 예수님께서 죽음의 권세 잡은 마귀를 이기시고 부활하심으로 우리도 그와 함께하면 겁낼 것이 조금도 없는 것입니다. 이미 승리하신 예수님께서 방패가 되어 주시기 때문입니다.

[수] 정직한 말씀이기에 (시 33:4) 찬송204(통379)

하나님의 말씀은 정직하고 올바른 말씀입니다. 또한 그가 행하시는 일들은 진실하신 것입니다. 거짓이 없는 것입니다. 거짓말을 하지 않으시기 때문입니다(히 6:18). 지금의 교회 들은 악한 마귀로 인해 거짓말이 난무하게 되었습니다. 영적 능력을 상실하여 약해졌기 때문입니다. 그래서 성령 충만을 받아서(엡 5:18) 성령의 능력으로 살아가야 합니다. 정직한 자의 공의는 자기를 건지게 되려니와 사악한 자는 자기의 악에 잡힌다고 했습니다(잠 11:6). 악한 자의 집은 망하겠고 정직한 자의 집은 흥한다고 했습니다(잠 14 11).

[목] 단련시키는 말씀이기에 (시 105:17-19) 찬송205(통236)

요셉은 형들의 미움을 받아 애급에 팔려갔지만 하나님께서 택하신 인물입니다. 하나님의 말씀을 통해 연단 받아 순종함으로 억울한 일로 구속되었지만 풀려나게 되었고 일약 애급의 국무총리가 됩니다. 우리도 하나님의 말씀이라면 끝까지 붙잡고 그 말씀대로 살기를 노력해야 합니다. 운동선수를 비롯하여 어느 분야에서든지 단련을 받는 과정과 시간이 필요합니다. 어떠한 유혹이 있어도 끝까지 견디고 올바른 말씀 안에 살아가려고 노력한다면 하나님은 반드시 그 단련의 시기를 지나게 하시고 영광을 안겨 주실 것을 믿어야 합니다.

[금] 거룩한 말씀이기에 (시 105:42) 찬송202(통241)

애굽을 탈출한 이스라엘 백성들은 여러 가지 고통 가운데서 불평불만을 표출하여 하나님의 진노를 만들었지만 하나님은 그들을 죽이지 않으시고 끝까지 먹을 양식과 물을 공급하여 주셨고 심지어 메추라기 떼를 몰아 먹여 주기까지 하셨습니다. 참으신 이유는 이스라엘을 큰 민족으로 만들어 주시겠다고 아브람과 약속하신 거룩하신 하나님의 말씀을 지키시기 위함이었습니다(창 12:2). 이토록 하나님께서는 자신이 하신 말씀을 변개하지 않으시고 끝까지 지키시는 거룩하신 분입니다. 우리와도 마찬가지입니다.

[토] 위험에서 건지시는 말씀이기에 (시 107:20) 찬송199(통234)

예수님께서는 이 땅에 계실 때 많은 병자들과 귀신 들린 자들을 말씀으로 쫓아내시고 고치셨습니다. 그만큼 주님의 말씀은 권세가 있었습니다. 그 말씀 자체가 구원과 치유를 주시는 권능인 것입니다. 이 세상에 살고 있는 우리들은 이러한 주님의 권능을 의지해야만 합니다.

밤낮없이 다가오는 환난과 핍박이 몰려오기 때문입니다. 호시탐탐 우리를 노리는 마귀는 기회가 주어지면 우리를 괴롭히려고 노리고 있습니다. 그래서 베드로는 근신하라 깨어라 너희 대적 마귀가 우는 사자 같이 두루 다니며 삼킬 자를 찾는다고 경고했습니다(벧전 5:8).

47 • 성경을 읽어야 할 이유 (4)

[월] 하나님의 감동으로 기록된 말씀이기에 (딤후 3:16,17) 찬송200(통235)

디모데전후서를 기록한 사도 바울 당시에는 신약성경이 완전히 기록되지 않았기 때문에 구약성경만이 해당 되는 것이 아니냐고 하는 사람이 있지만 그때에도 이미 기록된 신약성경이 있었기에 신구약 모든 성경이 하나님의 감동하심을 받아 기록된 것으로 간주해야 합니다. 바울은 이 구절에서 성경의 절대성과 무오성(이치에 어긋남이 없음)을 강조하고 있습니다. 우리가 읽는 모든 성경은 하나님께서 집필자들에게 영감을 더 하셔서 올바로 기록된 것으로 이해하여야 할 것입니다. 기계를 다루듯이 억지로 쓰게 하셨다는 의미와도 다릅니다.

[화] 절대적인 교훈의 말씀이기에 (딤후 3:16,17) 찬송202(통241)

우리는 부모님이나 학교의 선생님들로부터 세상을 살아가는 이치나 방법 등을 교훈 받고 자라가게 됩니다. 이러한 교훈들은 완전한 교훈이 되지 못합니다. 잘못 변질된 것들도 많이 있습니다. 그러나 인간을 만드신 하나님의 교훈은 우리의 생활에 올바른 잣대가 되는 것입니다. 법칙인 것입니다. 절대적인 교훈이기에 하나님의 말씀 속에서 이를 배우고 자녀들에게도 열심히 가르쳐야 할 것입니다. 마땅히 행할 길을 아이에게 가르치라 그리하면 늙어도 그것을 떠나지 아니하리라 (잠 22:6) 하셨습니다.

[수] 온전한 책망의 말씀이기에 (딤후 3:16,17) 찬송199(통234)

책망은 꾸짖는 것을 의미합니다. 우리는 자녀를 양육할 때에 자녀가 잘못하면 꾸짖을 때가 있습니다. 여기에서 매우 조심할 것은 자신의 감정으로 소리를 높이다 보면 역효과를 가져오게 됩니다. 지혜로운 방법은 합당한 성경 말씀을 통해서 조용히 책망을 하여 바로 잡을 수 있습니다. 또한 우리가 어떤 일을 하다가 성령님께서 책망하시는 영적인 말씀을 들을 때는 바로 회개하고 돌이켜야 합니다. 가책을 느끼면서도 회개하지 아니하고 그대로 합리화시키거나 계속 죄를 짓게 되면 사랑하시는 자는 징계를 받게 됩니다(히 12:6-8).

[목] 바르게 하시는 말씀이기에 (딤후 3:16,17) 찬송204(통379)

이 말씀은 책망의 목적이기도 합니다만 바르게 함(헬,에파노르도시스)의 의미는 잘못된 행실을 바로잡아 본래의 올바른 삶의 자리에 가져다 놓는다는 뜻입니다. 허물 된 행동을 교도하기 위한 말씀이기에 열심히 읽고 깨닫고 고쳐 나가야 합니다. 보혜사 곧 아버지께서 내 이름으로 보내실 성령 그가 너희에게 모든 것을 가르치고 내가 너희에게 말한 모든 것을 생각나게 하리라(요 14:26) 하셨습니다. 인간은 모두가 약하기 때문에 길을 잘못 갈때가 많습니다. 하나님의 말씀은 등대불이 되어 바른길을 일러 주는 것입니다.

[금] 의로 교육하기에 유익한 말씀이기에 (딤후 3:16,17) 찬송205(통236)

여기에 쓰여진 교육은 강하게 단련시키는 훈련(training,헬,파이데이아)을 뜻하는데 의로운 행동을 계속 반복시켜서 완전히 체질화시킨다는 의미를 가지고 있습니다. 우리는 성경을 한두 번 읽고 모든 것을 다 아는 것처럼 교만해지기 쉽습니다. 이웃 사람을 오랫동안 사귀어 봤어도 그 사람을 온전히 알기 힘든데 하물며 말씀이 되시는 예수님을 성경 몇 번을 읽었다고 해서 그분을 이해할 수 없는 것입니다. 우리가 본받아야 할 예수님의 사랑과 겸손이나 능력 등등 그 깊이는 이루 말할 수 없기에 주님 만날 때까지 읽어야 합니다.

[토] 선하고 온전한 능력을 주시는 말씀이기에 (딤후 3:16, 17) 찬송200(통235)

하나님의 말씀은 그를 믿는 모든 사람을 온전하게 만듭니다. 온전하게 한다(헬,엑사르티조)는 뜻은 완전하게 준비된 것을 의미합니다. 성경 말씀을 통해서 철저하게 훈련된 사람만이 하나님께서 원하시는 모든 선한 일을 하는 데에 적합한 것입니다. 누구든지 이런 것에서 자기를 깨끗하게 하면 귀히 쓰는 그릇이 되어 거룩하고 주인의 쓰심에 합당하며 모든 선한 일에 준비함이 되리라(딤후 2:21)했습니다. 우리는 모두가 각자의 받은 달란트대로 온전한 능력을 받아 주님께서 쓰시기에 합당한 그릇이 되기 위하여 말씀을 사모해야 합니다.

48 • 성경을 읽어야 할 이유 (5)

[월] 세상을 창조하신 말씀이기에 (히 11:3) 찬송79(통40)

이 세상은 우리 눈으로 볼 수 있는 세계와 눈으로 볼 수 없는 세계로 구분될 수 있습니다. 보이는 모든 세계가 하나님의 말씀으로 창조되었습니다(창 1장). 눈에 보이는 어떤 재료로 만들어진 것이 아니라 보이지 않는 말씀으로 이루어졌다는 것입니다. 과학자들이 말하는 빅뱅(big bang)은 어떤 물질이 있어 물질이 폭발되어 만들어졌다고 말하지만 보이지 않는 영적 세계의 배후에 계시는 하나님 말씀의 권능으로 된 것입니다. 이토록 창조의 원리는 성경에서 해답을 줍니다. 믿음은 말씀을 들음에서 나오니 말씀을 읽어야 합니다(롬 10:17).

[화] 정확한 예언의 말씀이 있기에 (계 1:3) 찬송200(통235)

우리는 살아가면서 어려움과 고통이 많으므로 내일은 좀 낫겠지 하는 소망을 가지고 삽니다. 그래서 내일 일을 알고 싶어 합니다. 하나님만 의지하고 살면 되는데 근심이 앞서서입니다. 예수님의 제자들도 마지막 때의 일을 알기 원했습니다(마 24:3). 성경 예언의 말씀은 이 세상 점쟁이들의 예언과는 매우 달라 정확합니다. 그리고 자기의 마음에서 나오는 대로 예언하는 거짓 예언자들의 예언과도 다릅니다(겔 13:17,18). 우리 주위에 하나님께서 주시지도 않은 거짓된 예언하는 사람들을 매우 조심해야 합니다. 성경 예언에 충실해야 합니다.

[수] 복된 말씀이 있기에 (행 15:7) 찬송202(통241)

복음은 기쁨의 좋은 소식입니다. 이 세상 어느 사람의 책과는 다르기 때문에 가장 귀하게 여기고 즐겨 읽어야 합니다. 말씀에 깊은 은혜를 입어 제일 중요한 영혼 구원으로부터 범사에 평안과 기쁨과 감사가 넘치게 되는 것입니다. 우리는 속이는 자 같으나 참되고 무명한 자 같으나 유명한자요 죽은 자 같으나 보라 우리가 살아 있고 징계를 받는 자 같으나 죽임을 당하지 아니하고 근심하는 자 같으나 항상 기뻐하고 가난한 자 같으나 많은 사람을 부요하게 하고 아무것도 없는 자 같으나 모든 것을 가진 자가 됩니다(고후 6:8-10).

[목] 성령의 검이 되기에 (엡 6:17) 찬송197(통178)

검(칼)은 옛날 전쟁터에서 군인들이 사용했던 제일 귀한 무기입니다. 우리가 살고 있는 이 세상도 성도들이 전쟁을 하고 있는 영적인 전쟁터입니다. 악한 마귀들과 싸워 이기려면 승리하신 예수님을 본받아 싸워야 합니다. 하나님의 말씀은 살아 있고 활력이 있어 어떤 검보다 예리하여 혼과 영과 및 관절과 골수를 찔러 쪼개기까지 하며 또 마음의 생각과 뜻을 판단한다고 했습니다(히 4:12). 이러한 성령의 검이 아니고 내가 만든 무기로는 결코 마귀의 영들과 싸워 이길 수 없습니다. 성령께서 주시는 지혜의 말씀으로 승리할 수 있습니다.

[금] 화목하게 하시는 말씀이기에 (고후 5:19) 찬송204(통379)

예수님께서 이 땅에 오신 목적 중에 가장 귀한 것은 죄로 말미암아 하나님과 원수 된 인간들이 죄를 깨닫게 하시고 회개시키셔서 하나님과 화목하게 하심으로 구원에 이르게 하시려는 뜻이 계셨던 것입니다. 말씀이 되시는 예수님은 이토록 화평의 왕으로 오신 것입니다. 죄가 없으신 예수님은 스스로 자신이 인간들의 죄를 대신 지심으로 죄인이 되어 죽으신 것입니다. 인간들의 죄값을 대신 치러주시고 그의 생명의 피로 우리를 사 주신 것입니다(고전 6:19,20). 우리도 화목케 하시는 말씀을 전하여 하나님께 영광을 돌려야 합니다.

[토] 은혜의 말씀이기에 (행 14:3) 찬송205(통236)

율법이 죄를 규정하고 정죄하는 역할을 한다면 복음은 죄를 용서하고 구원의 은총을 선포하는 은혜의 말씀인 것입니다. 그래서 사도 바울은 인간이 온전히 지키지 못할 율법 아래 있는 자들을 저주 아래 있는 자들이라고 말하며 진정한 의인은 예수그리스도를 믿음으로 살게 되는 것이라고 말합니다(갈 3:10-14). 그러므로 예수그리스도를 믿는 모든 사람은 은혜를 받은 사람들이요 엄청난 복을 받은 사람들입니다. 이토록 귀한 은혜를 입은 사람들은 주님의 말씀을 사랑하지 않을 수 없으며 말씀을 귀하게 여기고 열심히 읽게 될 것입니다.

49 • 마지막 때의 징조들 (1)

[월] 지식이 발달함 (단 12:4) 찬송179(통167)

주님은 이 땅에 재림하실 것을 말씀하시며 항상 믿음으로 깨어 있을 것을 말씀하셨습니다.(막 13:26-37) 그리고 이 마지막 때의 징조가 여러 가지로 보여질 것을 일러 주셨습니다. 구약시대의 다니엘 선지자도 마지막 때에 있을 일들을 계시받고 여기에 기록하고 있습니다. 본문에 하나님께서는 마지막 때까지 이 말을 간수하고 봉함하라고 하셨는데 이 봉함(히, 하탐)은 마음에 새기고 성취됨을 지켜보라는 것입니다. 마지막 때에는 세상 지식이 극도로 발달하여 인간들이 현대판 바벨탑을 쌓고 하나님을 무시하는 시대입니다.

[화] 많은 사람이 빨리 왕래함 (단 12:4) 찬송342(통395)

마지막 때에 나타나는 징조는 지식의 바벨탑과 많은 사람들이 빨리 왕래하게 될 것을 예언하고 있습니다. 우리가 잘 알듯이 지금은 컴퓨터의 발달로 하루해가 다르게 모든 분야에서 급속히 변화되고 있기 때문에 현기증이 날 정도입니다. 이동 수단인 비행기나 자동차와 선박들이 빠르게 발전하여 왔습니다. 앞으로는 더 빠른 운반체가 나오리라 예상되는데 한국과 미국 사이를 한 시간대로 오 갈 수 있는 비행체를 연구하고 있다는 소식도 들립니다. 기뻐하고만 있을 때가 아니라 주님 맞을 준비를 부지런히 할 때입니다.

[수] 이방인이 구원받기까지 이스라엘이 악함 (롬 11:25) 찬송268(통202)

하나님께서 인간들에 대한 최대의 관심사는 구원입니다. 이 구원의 섭리는 옛날이나 지금은 물론이요 앞으로 미래에도 진행하게 되는데 구원 받아야 될 이방인의 수가 차기 까지 이스라엘의 구원이 부분적으로 제한된다는 것입니다. 선민사상을 가지고 있는 이스라엘의 교만으로 구원의 은총이 이방인으로 돌려지게 만드는 것입니다. 아직도 율법으로 구원을 받는다는 잘못된 지식이 하나님의 사랑과 은혜의 복음을 멸시함으로 빚어지는 결과입니다. 이들은 결국 구원을 받을 수 있는 이름은 오직 예수뿐인 것을 알게 될 것입니다(행 4:12).

[목] 이방인들이 구원받음 (사 60:1-12) 찬송263(통197)

1절부터 3절까지는 빛 되신 예수그리스도의 복음으로 이방인들이 구원을 받게 될 것을 서론으로 시작하고 있습니다. 또한 수많은 나라들이 복음을 통하여 구원을 받고 예수 이름 앞에 경배하게 될 것을 예언하고 있는 것입니다. 그리고 9절에는 예수그리스도를 배척하고 십자가에 못 박아 죽였던 이스라엘이 이방인의 구원받은 숫자가 채워 진 뒤에 이방 출신의 성도들의 도움을 받아 학수고대하던 메시야가 예수그리스도라는 사실을 깨닫게 되고 받아들일 것을 암시적으로 예언하고 있습니다.

[금] 거짓 그리스도가 미혹함 (마 24:5) 찬송204(통379)

마지막 때에 나타나는 가장 많은 징조는 거짓 그리스도의 출현입니다. 이러한 현상은 로마에 의한 예루살렘 성의 함락 직전에도 있었고 교회사에서 자주 발견되는 일인데 드다와 갈릴리 유다(행 5:36-37), 그리고 애굽인(행 21:38)을 비롯하여 사마리아인 도시데우스, 시몬, 마가스 등이 자칭 그리스도라고 속였습니다. 이는 유대인들의 대망이었던 메시야 사상에 편승하여 로마 통치하에서 벗어나고자 하는 민족주의 사상으로 미혹되기도 했지만 종말에는 사단의 영적 혼란으로 미혹되고 있습니다. 이단과 사이비 기독교를 경계해야 합니다.

[토] 난리와 난리 소문이 많게 됨 (마 24:6) 찬송175(통162)

옛날 유대인들 사회에서는 전쟁이 종말적인 징조라고 믿어 왔지만 세상의 완전한 종말은 아닌 것입니다. 세상의 완전한 종말은 예수그리스도의 재림으로 이루어집니다(고전 15:24). 그러므로 성도들은 전쟁과 난리의 소문을 듣는다고 해서 두려워하거나 염려함으로 쉽게 동심할 것이 아니라 오히려 담대한 믿음을 가지고 각자에게 주어진 본분을 다 해야 할 것입니다. 본문에 이러한 일이 있어야 하되 아직 끝은 아니라는 것입니다. 더 나아가 몇 년 몇 월 며칠에 오신다는 것은 시한부 종말론 자들의 거짓말이니 물리쳐야 합니다(마 24:36).

50 • 마지막 때의 징조들 (2)

[월] 처처에 기근이 있게 됨 (마 24:7) 찬송401(통457)

종말의 가장 큰 징조 가운데 하나는 기근인데 현실로서 크게 부각되고 있습니다. 20여년 전부터 방글라데시를 비롯한 아프리카 지방의 기근 소식은 끊임없이 이어지고 있습니다. 지구 온난화 현상으로 벌어지는 현상인데 수단 남부 지방의 가뭄으로 영양실조가 된 소년이 뼈만 앙상하게 남아 있는 모습이 보도되어 많은 사람들의 심금을 울렸었습니다. 우리 동포인 북한도 고난의 행군 때인 1995년 이후 300만 명이 굶어 죽었다는 소식은 우리를 슬프게 만들었습니다. 하나님께서 허락하신 재앙인 것입니다.

[화] 처처에 지진과 재앙이 있게 됨 (마 24:7, 계 6:12) 찬송413(통470)

시 18:7에 이에 땅이 진동하고 산의 터도 요동하였으니 그의 진노를 인함이라 했습니다. 또한 이사야 24:18-20에 땅이 깨지고 깨지며 땅이 갈라지고 갈라지며 땅이 흔들리고 흔들리며 땅이 취한 자 같이 비틀비틀 하며...라고 했습니다. 이토록 땅이 갈라지고 요동하는 것은 하나님의 진노 때문입니다. 이러한 지진은 앞으로도 계속 이어지고 그 빈도도 더할 것입니다. 세계 각처에서 이러한 지진과 화산 폭발은 더 많이 있을 것을 과학자들은 예측하고 있습니다. 환경 파괴로 인한 인간이 만든 재앙도 다가오고 있는 것입니다.

[수] 교회가 졸며 불법이 성하게 됨 (마 25:1-10, 마 24:12) 찬송406(통464)

신랑을 맞이하는 신부의 비유의 말씀은 종말에 있을 교회의 모습인 것입니다. 신랑을 맞이할 신부는 기름을 준비하고 불을 밝히고 깨어 있어야 하는데 준비한 처녀 절반만 신랑을 맞이하고 천국에 들어갑니다. 현대교회들이 이와 같은 것입니다. 깨어있는 교회는 말씀을 따라 살려고 애를 쓰고 세상에 주님의 빛을 비추려고 노력합니다. 그러나 잠만 자는 교회는 어둡기만 하여 졸다가 자다가 죄(불법) 를 짓는 일만 합니다. 신앙의 허울만 있지 실천의 내용이 없는 부패된 교회요 부도덕만 조장하는 교회입니다. 사랑이 없습니다.

[목] 두려운 무기가 발달함 (요엘 2:5-11) 찬송400(통463)

요엘 선지자는 남 유다 요아스 왕 때의 선지자로 유다에 대한 예언과 아울러 마지막 여화와의 날(요엘 2:1) 에 대하여 복합 예언을 합니다. 종말의 심판이 오기 전에 회개할 것을 촉구하고 있는 것입니다. 엄청난 파괴력을 가진 살상 무기로 인해 사람들이 공포에 질리게 되고 사람들의 낯빛이 하얘질 것을 말하고 있습니다. 10절에 그 앞에서 땅이 진동하여 하늘이 떨며 해와 달이 캄캄하며 별들이 빛을 내지 않을 것을 예언하고 있는데 지금은 옷을 찢지 말고 진정으로 마음을 찢고 회개할 때라는 것입니다(13절)

[금] 많은 사람의 사랑이 식어짐 (마 24:12) 찬송220(통278)

불법(죄)이 많이 번져 나아가 죄가 죄인 것을 모르고 사는 사람들이 많아져서 사랑을 받을 줄도 모르고 줄줄도 모르는 때가 오늘날이 아닌가 생각됩니다. 자기가 낳은 자식을 귀찮다고 때리질 않나 심지어 죽이기까지 하는 세상입니다. 어떠한 환경에서든지 가장 큰 사랑은 모성애입니다. 그런데 요즈음은 부모가 아이를 학대한다는 소식이 끊이질 않습니다. 더 나아가 나쁜 행동 하러 다니며 어린아이를 굶겨 죽이는 사건도 보도 됩니다. 하나님께서 주신 양심도 잃어버린 시대라 정신 차릴 때입니다.

[토] 복음이 온 세상에 전파됨 (마 24:14) 찬송505(통268)

예수님께서 재림하시기 직전의 징조는 무엇일까? 많은 징조들이 있지만 확실한 징조는 복음이 온 세상에 전파된 후라는 것입니다. 이 복음은 만민을 구원하시기 위한 것이기 때문에 최후에 까지 전해져야 하는 것입니다. 하나님께서 제일 원하시는 것이 생명 구원이기 때문입니다. 우리나라에서 한때 문제를 일으켰던 것이 시한부 종말론입니다. 몇 년 몇 월 며칠에 예수님 재림하신다고 떠들다가 이루어지지 않은 것입니다. 이날은 아무도 모르고 오직 창조주 하나님 아버지만 아신다고 못 박았습니다(마 24:36). 앞으로 속지 말아야 합니다.

51 • 마지막 때의 징조들 (3)

[월] 자기만을 사랑함 (딤후 3:2) 찬송446(통500)

사도 바울은 말세에 사람들의 도덕적 타락과 하나님을 사랑하지 않을 것을 경고하면서 자기만을 사랑하고 세상에 대해 욕심을 부리게 될 것을 언급하고 있습니다. 하나님보다 더 사랑하는 것은 하나님께서 기뻐하시지 않습니다. 부모나 자녀도 마찬가지 입니다(마 10:37). 말세에 나타날 전형적인 타락상은 하나님 보다 자기를 더 사랑하는 것입니다. 말은 하나님을 더 사랑한다고 하면서 행동은 그렇지 않은 사람이 참으로 많습니다. 우리는 하나님의 위치에 자기나 그 무엇을 더 귀하게 여기고 앞세우지 않았는지 반성해야 합니다.

[화] 재물을 사랑함 (약 5:1–4) 찬송450(통376)

딤전 6:10에 돈을 사랑함이 일만 악의 뿌리가 된다고 말씀하십니다. 야고보 기자도 본 절에서 말세에는 사람들이 돈을 좋아하여 세상에 쌓아두고 즐기다 결국은 망하게 될 것을 말하고 있습니다. 그 당시 곡식은 부의 척도가 되기도 하였는데 특히 금과 은은 부의 상징인데 그것을 사랑하여 쌓아 두었다가 함께 망할 것을 경고하고 있습니다. 기독교인들의 재물관은 그때마다 주시는 것은 자신의 필요와 하나님과 이웃을 위하여 쓰라고 하시는 음성으로 듣고 사용할 줄 알아야 합니다. 녹이 슬게 해서는 안 됩니다(마 6:19–21).

[수] 부모를 거역하고 해침 (딤후 3:2) 찬송430(통456)

부모를 거역한다는 말씀은 부모의 권위에 불순종하는 것을 말합니다. 주 안에서 부모를 공경하고 순종해야 하는데(엡 6:1) 이를 무시하고 심지어 폭력을 휘두르고 해치는 일들이 나타나고 있습니다. 물론 부모들도 주님 말씀 안에서 교육해야 하는데 자기의 감정이나 우월감에서 반발하게 만들어서는 안 됩니다. 거역한다는 말은 설득할 수 없다는 말에서 파생된 말로 반항하는 것을 말합니다. 마태복음 10장 21절에 주님은 자식들이 부모를 대적하여 죽게 할 것을 예고하셨는데 항상 깨어 기도할 때입니다.

[목] 하나님보다 쾌락을 사랑함 (딤후 3:4) 찬송453(통506)

예수님 재림하시기 전 특징 중의 하나는 하나님 섬기는 영적인 기쁨보다는 육체의 쾌락을 더 좋아하게 될 것을 말씀하고 있습니다. 우리는 노아의 홍수 때나 소돔과 고모라 때의 일을 기억해야 합니다. 지금의 우리에게 주시는 경고의 의미가 있기 때문입니다. 육적인 쾌락만을 추구하던 사람들의 종말은 비참한 것입니다. 어느 시대이든 쾌락을 일삼는 사람들의 종말은 비참한 최후를 맞이하는 것입니다. 세월이 흐를수록 마귀는 유혹의 미끼를 던져 타락하고 망하도록 유도합니다. 정신 차리고 구원을 이루도록 해야 합니다.

[금] 사나워지고 은혜를 배신함 (딤후 3:3, 4) 찬송425(통217)

마태복음 26:14-16에 예수님의 제자로 3년 동안이나 따라 다녔던 가룟 유다가 결국 마귀에 속아 은 30냥을 받고 예수님을 제사장들에게 팔아버립니다. 이렇듯 말세에는 자기의 유익을 위해서는 은혜를 입은 사람이라도 배신하는 일들이 많아지게 됩니다. 이는 물론 자기 욕심이나 이기심에서 비롯되기도 하지만 유다처럼 마귀에게 속아서 되어지는 것이요 성령으로 거듭나지 못한 사람의 특징이기도 합니다(요 13:2). 욕심 있는 사람에게 침입하는 이러한 마귀를 물리치기 위해서 욕심 버리고 온유하게 살아야 합니다.

[토] 미혹하는 영이 판을 침 (딤전 4:1) 찬송436(통493)

본문에 믿는 사람들이 믿음을 떠나서 미혹하는 영과 귀신의 가르침을 따를 것을 예언하고 있습니다. 하나님의 종들이 가르쳐 주는 하나님의 말씀보다 귀신을 섬기는 무당이나 사이비 이단들이 말하는 것에 귀가 솔깃하여 따라가는 일이 많을 것을 말합니다. 이미 많이 나왔지만 아직도 이런 자들에게 속아 따라가는 사람들이 많습니다. 가면 갈수록 이런 자들이 많아지고 극성을 부리게 될 것이니 온전한 믿음을 지켜야 합니다. 우상에게 절하거나 호기심에서 점을 치러 다니는 악한 행실도 없어야 합니다.

52 • 마지막 때의 징조들 (4)

[월] 자랑함 (딤후 3:2) 찬송543(통342)

자랑한다는 말이 개역 성경에는 자긍한다는 말로 번역되었는데 헬라말의 알라존이라는 단어를 쓰고 있습니다. 이는 허풍 떠는 사람을 말합니다. 로마서 1:30에 마음에 하나님 두기를 싫어하는 자입니다. 하나님을 자랑하기보다 자기를 자랑하는 사람을 말합니다. 혼자 잘난체하고 은혜를 주시고 능력을 주신 하나님을 배제하고 자신의 능력으로 한 것처럼 으스대는 사람입니다. 야고보서 4:16에 허탄한 자랑은 모두 악한 것이라 했고 요일 2:16에 육신의 정욕과 안목의 정욕과 이생(부요, 신분 등)의 자랑은 세상에서 온 것이라 했습니다.

[화] 교만해짐 (딤후 3:2) 찬송534(통324)

교만하다는 말은 다른 사람은 멸시하며 자기만 우월하다고 생각하는 것을 말합니다. 스스로 과신하는 것을 말합니다. 4절의 자만하다는 말과 유사한데 이는 자신을 부풀려 과장하는 것을 말합니다. 이 모두가 악한 자의 모습입니다. 우리 기독교인들은 항상 있는 그대로를 말하며 정직해야 하고 진실해야 합니다. 이것이 모든 사람에게 신뢰감을 주고 인정받게 되는 것입니다. 더 나아가서는 하나님의 인정을 받게 되는 것입니다. 마음이 교만한 자는 하나님이 미워하시며(잠 16:5), 교만하면 낮아지게 되고 겸손하면 영예를 얻습니다(잠 29:23).

[수] 비방함 (딤후 3:2) 찬송549(통431)

비방은 훼방(헬, 블라스페모스)이라는 말과 같은데 하나님을 조롱하고 경건치 않음을 뜻합니다. 마태복음 12:22-31에 귀신 들려 눈이 멀고 말을 하지 못하는 사람을 고쳐주신 주님에게 귀신의 왕을 힘입어 귀신을 쫓아냈다고 조롱할 때에 예수님은 사람에 대한 모든 죄와 모독은 사하심을 얻되 성령을 모독하는 것은 용서함을 받지 못한다고 말씀 하십니다. 남을 헐뜯는 비방은 매우 악한 것입니다. 우리 마음의 악한 옷을 벗어 버려야 합니다. 이제는 너희가 이 모든 것을 벗어 버리라... 비방과 너희 입의 부끄러운 말이라(골3:8)

[목] 부모를 거역함 (딤후 3:2) 찬송559(통305)

마지막 때에 나타날 또 다른 타락상은 권위에 대한 이유 없는 거역입니다. 대표적인 것으로 부모에 대한 권위를 무시하는 것입니다. 순종하지 않는 것입니다. 에베소서 6:1에 주 안에서 부모를 순종하라 하셨습니다. 그 이유가 부모는 하나님의 대리자로서 가정을 책임지고 있기 때문입니다. 주 안에서라는 말씀은 주님께서 주신 말씀 안에서 순종하라는 것입니다. 주님 말씀을 벗어나 우상을 섬기게 한다거나 악한 것을 요구해서는 안 됩니다. 주님 말씀 안에서만 부모의 권위가 존중되는 것입니다.

[금] 감사하지 않음 (딤후 3:2) 찬송301(통460)

사람은 타인으로부터 은혜를 받았으면 감사하는 것이 도리요 덕목의 기초가 되는 것입니다. 더 나아가 하나님께로부터 받은 것을 헤아려 항상 입에 감사하며 살아야 합니다. 믿음과 감사는 항상 비례하기 때문입니다. 입에 불평을 달고 사는 사람은 믿음이 없는 사람입니다. 범사에 감사하라 이는 그리스도 예수 안에서 너희를 향하신 하나님의 뜻이라 말씀 하셨습니다(살전 5:18). 종말에는 사람들의 마음이 굳어져서 모든 것을 주신 하나님께 감사하지 아니하고 부모와 이웃에게도 똑 같습니다.

[토] 거룩하지 않음 (딤후 3:2) 찬송540(통219)

거룩하다는 말은 정결한 상태 혹은 하나님께서 받으실 만한 성결함을 뜻합니다. 즉 깨끗하고 순결한 상태를 말합니다. 우리는 이미 예수님의 보혈로 죄 사함 받은 성결한 사람들입니다. 이 성결함을 유지하기 위해 항상 노력하고 성령을 힘입어야 합니다. 세상의 악한 것을 따르지 말고 성령께서 거하시는 우리 몸과 영혼을 거룩하게 보존해야 합니다(고전 6:17-20).

거룩하게 살아갈 때에 깨끗하고 귀한 그릇이 되어 귀하게 쓰임을 받게 되는 것입니다. 윤리 도덕적으로 매우 타락한 때에 힘써 거룩함을 유지해야 합니다.

53 • 마지막 때의 징조들 (5)

[월] 무정함 (딤후 3:3) 찬송220(통278)

무정(헬,아스톨고스)하다는 말은 애정이 없는 마음을 말합니다. 친족 간에도 사랑이 없는 시대가 마지막 때입니다. 사랑하지 않고 서로를 미워합니다. 자기만을 사랑하는 결과입니다. 사도 바울은 로마서 1:28-31절에서 하나님을 믿지 않는 자들의 마음으로 표현하기도 했습니다. 주님은 불법(죄)이 성하므로 많은 사람의 사랑이 식어지리라 하셨습니다(마 24:12). 우리는 이들과 달리 적극적인 사랑의 실천으로 이를 대비해야 합니다. 우리가 믿는 도리의 소망을 움직이지 말며 굳게 잡고 서로 돌아보아 사랑과 선행을 격려해야 합니다(히 10:23,24).

[화] 원통함을 풀지 않음 (딤후 3:3) 찬송242(통233)

원통함을 풀지 않는다는 것은 억울한 감정을 계속 품고 있는 것을 말합니다. 원한을 가지고 앙갚음하기를 벼르고 있는 마음을 말합니다. 이러한 마음을 가지고 있는 사람은 언젠가는 죄를 짓게 됩니다. 우리에게 원통함이 있다면 위로와 평강을 주시는 하나님께 아뢰고 속히 풀어 마귀로 틈타지 못하게 해야 합니다. 시편 142:1절에 다윗은 내가 소리 내어 여호와께 부르짖으며 소리 내어 여호와께 간구하는 도다 내가 내 원통함을 그의 앞에 토로(소리 내어 말함)하며 내 우환을 그의 앞에 진술(자세히 아룀) 한다. 고 말합니다.

[수] 참소함 (딤후 3:3) 찬송260(통194)

개역 성경에는 모함한다는 단어를 참소(헬,디아볼로스)한다는 말로 번역했습니다. 원래 이 단어는 마귀 혹은 거짓 비방자, 중상모략이라는 뜻입니다. 자기의 때가 얼마 남지 않은 것을 아는 마귀는 믿지 않거나 잘못 믿는 사람들 속에서 죄 없는 사람을 죄가 많은 것처럼 모함합니다. 사람들에게 꾸며서 거짓말을 퍼뜨립니다. 미움이 가득하기 때문이요 미움은 살인입니다. 살인하는 자마다 영생이 없습니다(요일 3:15). 잠언 10:18절에 미움을 감추는 자는 거짓된 입술을 가진 자요 중상(참소)하는 자는 미련한자라고 했습니다.

[목] 절제하지 못함 (딤후 3:3) 찬송197(통178)

절제하지 못한다(헬,아크라테스)는 뜻은 힘이 없다 무력하다는 뜻입니다. 자기의 힘으로는 자제하지 못하는 것을 말합니다. 사도 바울은 고린도전서 12:2절에 너희가 예수님을 믿지 않았을 때에는, 즉 이방인으로 있을 때에는 말 못하는 우상에게 끄는 대로 끌려갔다고 했습니다. 우리도 마찬가지였지만 지금은 하나님 말씀에 굳건히 서서 모든 악(음행 우상숭배 탐욕 욕정 혈기 등)에서 절제할 수 있게 되었습니다. 이것은 내 힘으로가 아니라 성령을 받아서 가능한 것이요 성령의 열매 맺는 생활을 하게 된 것입니다(갈 5:19-23).

[금] 사나워짐 (딤후 3:3) 찬송289(208)

사납다는 말은 야만적이라는 뜻입니다. 교양이 없고 윤리 도덕을 상실한, 자기 멋대로 하는 미개한 것을 말합니다. 말세에는 이러한 사람들이 많이 늘어날 것입니다. 전도서 8:1절에 ...사람의 지혜는 그 사람의 얼굴에 광채가 나게 하나니 그 얼굴의 사나운 것이 변한다고 했습니다. 우리는 이 세상을 지혜롭게 살아가야 합니다. 그래서 항상 하늘의 지혜를 구해야 합니다. 야고보서 1:5절에 너희 중에 누구든지 지혜가 부족하거든 모든 사람에게 후히 주시고 꾸짖지 아니 하시는 하나님께 구하라 그리하면 주시리라 했습니다.

[토] 선한 것을 싫어함 (딤후 3:3) 찬송266(통200)

하나님의 속성 중 하나는 선하신 것입니다. 반대로 악한 것은 마귀입니다. 그렇기에 하나님을 믿는 우리는 항상 선한 것을 추구하고 악한 것은 멀리하거나 추방해야 합니다. 말세에는 악한 마귀의 극성으로 사람들이 점점 선한 것을 싫어하도록 유도하고 악한 것을 좋아하도록 유도합니다. 요한3서 1:11에 악한 것을 본받지 말고 선한 것을 본 받으라 선을 행하는 자는 하나님께 속하고 악을 행하는 자는 하나님을 뵈옵지 못하였느니라 했습니다. 선을 행하고 낙심하지 말고 인내하면 열매를 거둘 날이 반드시 옵니다(갈 6:9).

54 • 마지막 때의 징조들 (6)

[월] 배신함 (딤후 3:4) 찬송292(통415)

예수님을 은 30에 팔아넘긴 가룟 유다의 기사(마 26:14-16)는 배신행위의 표본으로 남아 있습니다. 자신의 이익을 위하여 은혜 입은 상대방에 대한 신의를 저버리는 것을 배신이라고 하는데 지금이 이러한 말세의 징조가 많은 때라고 생각됩니다. 어제의 친구가 돌변하여 원수가 되는 것을 우리 주위에서 많이 보게 됩니다. 배신(헬,프로도토스)은 반역을 뜻하는데 요한복음 13:18에 예수님은 이를 두고 발꿈치를 들었다는 시편 41:9의 예언의 말씀을 인용하여 말씀하십니다. 이는 말이 뒷발질하듯 은혜를 원수로 갚는다는 뜻입니다.

[화] 조급함 (딤후 3:4) 찬송375(통421)

조급(헬,프로페테스)하다는 말은 경솔하다는 뜻입니다. 곤두박질한다는 뜻도 되는데 너무 서둘러서 일을 망치는 것을 말합니다. 잠언 14:29에 노하기를 더디하는 자는 크게 명철하여도 마음이 조급한 자는 어리석음을 나타낸다고 말씀했습니다. 어떤 일을 하든지 한발 물러서서 다시 생각하고 기도하고 일을 처리하는 것이 현명한 방법입니다. 간혹 마귀는 조급하도록 유도하여 일을 그르치도록 합니다. 네가 말이 조급한 사람을 보느냐 그보다 미련한 자에게 오히려 희망이 있느니라 했습니다(잠 29:20).

[수] 자만함 (딤후 3:4) 찬송212(통347)

개역성경에는 자고하다는 말로 번역했는데 이 자만함은 허장성세 부리는 것을 말합니다. 즉, 실속 없이 허세만 떠벌이는 것을 의미합니다. 사도 바울은 하나님께서 자신이 여러 계시를 받은 것이 지극히 크므로 자만하지 않게 하시려고 자기에게 육체의 가시 곧 사단의 사자를 주셨다고 말합니다(고후 12:7). 그의 육체에 있는 고통의 가시에 대해서는 여러 해석이 있습니다. 반대자들의 모함이나 안질 등 여러 가지 설들이 있지만 정확하게 밝혀진 바는 없습니다. 그가 겸손히 살도록 하나님께서 인도하신 것으로 여겨집니다.

[목] 쾌락을 하나님보다 더 사랑함 (딤후 3:4) 찬송314(통511)

쾌락은 위장한, 거짓됨(헬,프슈데스)의 단어와 형제(헬,아델포스)라는 단어의 합성어인데 하나님께서 주시는 기쁨처럼(롬 15:13) 위장한 것을 말합니다. 부정한 일을 하면서 기뻐한다면 이는 잘못된 기쁨이요 악한 것입니다. 하나님께서 주셨다고 왜곡해서는 안 됩니다. 이러한 위장된 기쁨이나 즐거움은 속히 판단해서 피해야 하는데 오히려 이를 하나님 사랑하는 것보다 더 사랑한다면 빠져나오지 못할 깊은 수렁에서 허덕이다가 결국 구원을 받지 못하는 불쌍한 자가 됩니다. 하나님 말씀 순종함이 최고의 기쁨입니다.

[금] 경건의 능력을 부인함 (딤후 3:5) 찬송310(통410)

경건의 모양만 있다는 것은 외형적으로는 교회 생활을 하는 것 같지만 실제로는 하나님을 향한 믿음과 구원의 확신이 전혀 없는 것을 말합니다. 이런 사람들은 기독교를 부정하는 것이 아니라 기독교인처럼 행세만 하는 사람인 것입니다. 기독교적인 형식을 갖춘 자들이지만 실생활에서는 이중적인 생활을 하며 자신을 속이는 자 들입니다. 이들은 성령을 받지 못한 사람들이라 하나님 말씀대로 살지를 않습니다. 경건한 생활에 힘을 쓰지 않고 흉내만 내고 경건한 척합니다. 우리는 이러한 세속에 물들지 말아야 합니다(약 2:17).

[토] 곳곳에 전염병이 있을 것 (눅 21:11) 찬송304(통404)

역사적으로 보면 인플루엔자나 콜레라 등의 전염병이 여러 곳에서 만연했던 일이 있었습니다. 그 외의 전염병들도 있어 왔지만 요즈음에 만연하고 온 지구를 뒤덮었던 코로나19는 그 예를 찾아보기 힘든 대대적인 전염병의 기록일 것입니다. 숨기거나 보도하지 않은 나라들도 있지만 희생자가 엄청난 것입니다. 그 이유는 인간들의 죄악 때문입니다. 하나님의 능력을 의지하지 않고 군대의 숫자를 믿었던 다윗 왕이 죄를 지어서 전염병으로 7만 명을 죽게 하신 기록이 있습니다.(삼하 24:15.대상 21:14) 모든 것에 하나님의 능력을 의지해야 합니다.

부활
(부활절에 상고해야 할 말씀)

오직 기독교에만 있는 부활 사건은 부활하신 예수그리스도를 통해 영원한 소망을 갖게 합니다.
사람은 누구나 영원을 사모하는 마음이 있지만 그 영원한 삶을 살 수 있는 방법을 모르고 허무하게 죽어가고 있습니다. 영원한 삶이 있는 것을 보여주신 예수님을 믿지 않는 사람들도 부모 형제나 자녀가 죽으면 하늘나라에 갔다고 말들을 하는데 그것은 진리를 모르는 바람일 뿐이요, 하나의 희망사항인 것입니다.
요한복음 11장 25절에 예수께서 이르시되 "나는 부활이요 생명이니 나를 믿는 자는 죽어도 살 것이라"라고 말씀하셨습니다. 예수님은 사람이 죽었다 다시 사는 것이 있음을 일러 주시기 위해 죽은 자를 다시 살아나게 하신 사건들이 성경에 기록되어 있습니다.
회당의 관리자인 야이로의 딸이 죽은 것을 살려내어 보이셨고(마 9:18-26), 나인이라는 성에 사는 과부의 외아들이 죽어 사람들이 메고 나올 때 불쌍히 여겨 살려 주셨고, 베다니에 사는 나사로가 죽었을 때 무덤을 찾아가 많은 사람들이 보는 앞에서 살려내심으로 크게 놀라게 만드셨습니다. 이러한 일들은 사람이 영원히 죽는 것이 아니라 우리의 죄를 짊어지시고 대신 죽으신 예수님을 믿으면 죽지 않고 영원히 살 수 있다는 것을 실증적으로 증명해 보이신 것으로 오직 기독교에만 실재하는 기적의 일들입니다.
예수님을 믿지 않는 사람은 이미 지옥의 심판을 받은 것으로(요 3:18) 불쌍한 사람들인데 이들이 멸망 받지 않고 영생을 얻게 하시고 구원받도록 하시기 위해 죄악 많은 이 땅에 오셨다고 말씀하셨습니다(요 3:16, 17). 우리가 다시 살아나는 부활이 없다면 얼마나 허무한 인생입니까. 이 진리를 믿고 받아들이시는 겸손한 분들에게 주님의 은혜가 영원하시기를 축복합니다.

감사
(맥추감사와 추수감사절에 상고할 말씀)

구약성경 시편에는 여호와께 감사하라는 말씀이 많이 나옵니다. 시 118:1절에 "여호와께 감사하라 그는 선하시며 그의 인자하심이 영원하심이로다." 함으로 감사할 이유를 말하고 있는데 하나님의 선하심과 인자하심을 감사하고 있는 것입니다.

이 세상 살아가면서 우리가 하나님께 대하여 감사하지 못할 일이 하나도 없습니다. 먹고 잠을 자고 생활하는 모든 것이 하나님의 은혜 아닌 것이 하나도 없기 때문입니다. 숨을 쉬고 사는 것 등등 찾아보면 감사할 것뿐입니다.

이토록 우리에게 주신 일들을 헤아려 감사할 것을 찾는다면 우리의 생활이 기쁘고 즐겁지만, 없는 것이나 모자라는 것만을 생각한다면 원망과 불평이 입에서 나올 것입니다. 그렇다면 세상에 살맛이 사라지고 우울증에 걸리고 빨리 죽기를 바랄 것입니다.

우리 삶의 방향이 어느 쪽인가 항상 생각해 보고 감사의 방향으로 바꾸어야 살아갈 맛이 납니다. 사람이나 모든 것과의 관계도 마찬가지입니다. 해를 끼치는 사람을 만나도 욕을 하지 말고 이해하고 용서하는 마음을 가진다면 가치 있는 인생이 될 것입니다.

감사하는 말을 하며(엡 5:4) 괴롭고 힘든 일이든 어떤 일이든지 감사하고(살전 5:18) 어느 곳에서든지 맡겨진 직분을 감사하고(딤전 1:12, 13) 살아간다면 성숙한 인격을 갖춘 사람입니다.

특히 일용할 양식을 위해 비를 내리시고 바람을 불게 하시고 햇빛을 주심으로 열매 맺게 하신 하나님의 은혜를 감사해야 합니다. 봄철에 보리와 밀을 주셔서 춘궁기를 풍성하게 하신 하나님과 가을철 수확기에 각가지 농산물을 주신 하나님을 찬양해야 할 것입니다.

전적으로 하나님의 은혜입니다. "기도를 계속하고 기도에 감사함으로 깨어 있으라(골 4:2)"라고 했습니다. 영적으로 깨어 있는 비결은 항상 감사하는 것입니다. 감사는 하나님을 영화롭게 합니다(시 50:23).

성탄
(성탄절에 상고 할 말씀)

죄악에서 인생들을 구원할 사람은 이 세상에 아무도 없습니다. 아담과 하와로부터 이어져 오는 원죄로부터 인간들이 제각기 짓는 자범죄 등을 예수님을 믿는 모든 사람들이 용서 받도록 하나님께서는 계획하시고 예수그리스도를 이 죄악의 땅에 보내십니다.

핏속에 생명이 있기 때문에(레위기 17:11) 옛날에는 양을 잡아 피를 뿌림으로 죄 용서를 받게 하셨는데 제사장들이 계속 피를 뿌리는 제사를 멈추게 하시고 독생자 예수님을 십자가에서 피 흘려 죽게 하심으로 영원한 피 제사를 이루게 하셨고 그를 믿는 이 세상의 모든 인류가 구원을 받게 하신 것입니다.

이 독생자 예수그리스도의 보내심을 수백 년 전부터 선지자들을 통해 예언하도록 하셨습니다. 이 예언들은 틀림없이 맞아 왔기에 성경이 권위가 있는 것이요 최고의 베스트셀러가 된 것이요 하나님의 말씀에 신뢰가 있는 것입니다.

탄생의 장소는 기원전 700년 경에 미가라는 선지자가 베들레헴으로 기록하고 있고(미 5:2) 심지어 기원전 1400년 경에 모세는 이스라엘을 다스리실 왕(별)이 탄생할 것을 예언했는데(민 24:17) 바사국의 천문학자들이 유난히 빛이 나는 별을 따라 이스라엘에 왔다가 예물을 드리며 경배하고 갑니다(마 2:1-12).

또 마태복음 1장에는 예수님 탄생까지의 계보가 나오는데 처음 등장하는 인물이 아브라함으로 믿음의 계보로 이어질 것을 말하며 그대로 되었고 지금도 그를 믿는 모든 사람이 구원받고 있는 것입니다.

특히 기원전 700년 전의 이사야 선지자는 예수그리스도의 고난 장면을 자세히 예언하고 있습니다(사 53장). 이토록 하나님께서 많은 선지자들을 통해 예언하게 하시고 틀림없이 그대로 이루어지게 하심은 하나님의 살아 계심과 권능이 절대적이고 오직 창조주는 하나님 한 분이시요 예수님만이 세상을 구원하실 분이라는 것을 알게 하신 것입니다.
“다른 이로서는 구원을 얻을 수 없나니 천하 인간에 구원을 얻을 만한 다른 이름을 우리에게 주신 일이 없음이니라(행 4:12)”
예수님을 구세주로 보내 주신 하나님을 유일한 성탄의 계절에 기뻐하며 찬양합시다.

Memo

Memo

Memo

Memo

Memo

Memo

Memo

Memo

생명의 만나

인쇄일 2023년 1월 15일
발행일 2023년 1월 15일

지은이 정재규
발행인 김화인
펴낸곳 조 은
디자인 김진순
주소 서울시 중구 을지로20길 12 대성빌딩 405호(인현동)
전화 02-2273-2408
팩스 02-2272-1391
출판등록 1995년 7월 5일 신고번호 제1995-000098호
ISBN 979-11-91735-52-9
정가 12,000원